Nota Preliminar:

Diz a lenda que o desenho animado Scobby Doo surgiu a partir de acontecimentos reais. De jovens que frequentavam casas abandonadas à noite para se drogar e acabavam se surpreendendo com aparições de fantasmas, monstros e outros efeitos colaterais que as drogas podem causar.

Atualmente há uma literatura vasta, que eu particularmente desaprovo quando não deixam como aviso preliminar que tudo pode ser uma fantasia do próprio autor, ou mesmo um erro de interpretação da realidade de uma espécie de humano que pretendo curar. Mesmo assim o suspense só assusta em forma de filme, porque é difícil que coisas irreais da ficção sejam pavorosas sem imagens, as vezes as situações causam um desconforto de modo original, mas não deixa de ser desconforto.

Volto a dizer: a literatura obscena é aquela que sem sobreaviso pode levar jovens à tristeza e decepção com uma realidade que… digamos que muitos acreditam mesmo que a vida é maldição. Mas até hoje só se conhecia um modo de corrigir. (Ou talvez nem se conhecesse, ou a separação dos que sentem a vida como benção em relação aos que veem como maldição ou necessidade egoísta, injusta como se fosse invejosa de um Deus encarnado, tal relação pode nunca ter parecido danosa, e mesmo Jesus, lembro ter lido uma vez, dizia não ter a cura ao falar a um discípulo sobre Herodes, que apesar da perversão deste, quem seria capaz de curá-lo? Se perguntava Jesus. Nietzsche tinha uma frase capaz de curar: para ser limpo é necessário ter tentado se lavar em água suja, mencionei essa frase no prefácio ao livro de Nicollas, mas esqueci de dizer com mais clareza o que isso significa e peço desculpas. Se lavar em água suja significa ser exemplar em boa vontade, paciência e perseverança, com coragem pra corrigir sem ser duro, aqueles que o próprio rosto dá um sinal que deveria ser proibido se não fosse o único meio de identificar os perversos, um olhar de desprezo pela dignidade dos mais esforçados).

Quem ousaria dizer a qualquer pessoa: "Já fomos vitoriosos uma vez na vida atropelando os outros a todo custo pra sermos vencedores quando eramos espermatozoides. Deste lado da vida convém reconhecer o mérito dos outros vencedores, e além disso as diversas direções que pode-se tomar na vida (em relação ao trabalho) não demandam que estejamos muito acima da média pra nos tornar capazes de ter utilidade uns para os outros."

Sinto dizer ao leitor que busca adrenalina, que escava os livros malditos, que a maldade deste livro não está em causar surpresa com exemplos de horror, (ao modo de muitos livros que evito ler). Foi necessário cautela para que esta nota preliminar não fosse longo demais ao ponto de o leitor desavisado

Este livro foi editado às pressas, qualquer erro de métrica do texto (que não é de poesia, mas usa o recurso de mencionar no texto o número da própria página) pode ter sido porque o autor, no pior dos casos teve preguiça, e no melhor, enlouqueceu enquanto estava revisando.

sentir-se na obrigação de ler o livro inteiro. Houve um "e depois" na versão que li do Apocalipse, em que coincidiu de estar bem no fim de uma página, e isto contribuiu pra minha sensação de seriedade do livro. Neste caso, a página anterior foi "desavisado", não foi intencional, mas uma vez que aconteceu, espero que os jovens tenham tido a dose suficiente para causar uma primeira advertência de "Basta", é melhor não saber o que se passa no espírito de um maior de 30. Devolva o livro ao lugar onde encontrou. Melhor ainda, esconda em outro lugar para alertar os pais sobre a responsabilidade e o cuidado que eles devem ter com você. Para você, jovem, não vale a pena saber o que se passa na cabeça deles. A família não pode sobreviver com saúde sem essa precaução. Jovem, continuar lendo pode sabotar o controle e arruinar.

Outro dia estava lendo um livro do Schumpeter, e na introdução dizia que a burocracia estatal em um momento pretendia regulamentar até o diâmetro das cebolas que podiam ser vendidas no mercado.

Bom creio que até aqui só restam os leitores para quem este livro foi escrito. Melhor que assim seja. Se seu filho foi desonesto em pegar o livro, o melhor castigo é colocar ele olhando para a parede, por uns dois minutos.

Sempre me esqueço o raciocínio didático de um livro de História da Filosofia, na parte que explicava o niilismo, que me convenceu da seriedade da questão de se viver em função de nada.

Vivemos num tempo que para leitores curiosos quarenta anos bastam pra conhecer a verdade quase por inteira. Este livro foi escrito para estes leitores, e espero que logo seja esquecido, pois quase todo texto veio em enxurrada durante uma semana, num estado da mente que... Todos devem saber que as verdades mais duras costumam nos capturar quando passamos muito tempo sem dormir. E este foi o caso. E não que tais verdades não sejam eventualmente dignas de preocupação, também prestamos atenção nelas quando não estamos em nossa zona de conforto, mas o problema também é que no fundo a sociedade existe para cumprir o ideal de uma zona de conforto, como mostrarei adiante. E se há algo digno que todos saibam sobre este livro é justamente isso e nada mais.

E prefiro que não digam, meus seletos leitores que aguentaram até aqui, de onde tiraram essa ideia, mas é bom que as pessoas se lembrem que apesar de para muitos parecer ruim, a sociedade nos protege de situações muito piores.

Ao leitor melancólico que tem esperança de motivação neste livro, posso dizer ainda que, supondo que somente os que estão próximos dos quarenta anos aguentaram ler até esse ponto, ainda há esperança quando, você leitor que aos quarenta anos não se surpreende com mais nada, conheço o trajeto dos meus sentimentos que progrediram entre o projeto inicial até a necessidade de lançar este livro. Tem a questão de que as outras mil páginas poderiám só ser notadas por trinta mil pessoas daqui quase uma década. Mas posso garantir que tudo pode ser esquecido apesar da dureza, ou simplesmente por serem raciocínios duros (que só aparecem em dias de insônia ou eventualmente fora de casa).

Há muita vida pela frente para muitos dos que chegaram até esse ponto. Se isso já é um alívio para alguns dos leitores que chegaram até esse ponto. Volto a dizer: Basta!

Como eu ia dizendo, sobre quando pensamos não ser capazes de nos interessar por mais nada… (finalmente posso rir sozinho com a possibilidade de todos já terem desistido de ir adiante no texto) sei que a ideia de ter muita vida pela frente pode causar calafrios. O que entendo sobre o que me levou a exaustão… Certa vez na faculdade tive que escrever trinta páginas em uma semana a base de café, releituras, banhos frios e muita ansiedade. Foi quando comecei a ter medo diante da potência do curso universitário. Naquele momento senti que era melhor mudar de rota e me desviar do que eu já tinha aprendido, mesmo que não na totalidade. Digamos que depois de 12 anos adentrando um caminho que me parecia mais confortável (entender tudo sobre a poesia e justificações da fé), este trabalho foi meu segundo encontro com o medo que leva assuntos confortáveis a se tornarem dignos de… um honesto deixa pra lá, não quero mais ler sobre isso, mesmo assim considerei os frutos de doze anos de estudo muito pouco, que estão condensados basicamente em Mitologia Insana. Eu estava dizendo que houve uma trajetória, e imagino que podem haver muitas outras formas de chegar ao esgotamento. Passei por um período de vazio por longo tempo. Em pouco tempo percebi que ainda havia esperança. Meu pai José de quem me orgulho muito uma vez disse: quando parecer que a melhor ideia de distração pra sua mente parecer ficar diante de um vaso esperando ver as plantas crescer, (na minha versão eu diria: quando a única coisa que seria capaz de fazer você rir seria a publicação na internet da conversa telefônica mais sem graça do mundo entre duas comadres, sobre os filhos, se tá chovendo, etc). Ah sim, houve mesmo essa fase anteriormente que quase não notei a importância assim que retomei meus estudos e trabalho. Digamos que dessa vez, a última crise que ainda estou me esforçando para superar, foi a combinação das duas coisas: sensação de que o trabalho já tinha passado dos limites em causar stress pela segunda vez, e sensação de que nada no mundo seria capaz de me distrair, pela segunda vez. Se você não chegou a isso, basta. Como me conforto atualmente em relação a isso? Sou privilegiado por morar com meus pais e ser "inválido". O mais recomendável nesse momento é se aposentar. O problema da lei é não considerar o tempo interior de cada um. Aos trinta e seis anos sinto que, bom, não ligo com a possibilidade de morrer daqui menos de dez anos, e mesmo assim o interesse pela sociologia e história contemporânea voltaram, (o assunto que gerou minha primeira crise séria de stress), os assuntos dos últimos doze anos de estudos... nada contra os chineses e indianos, nem mesmo os budistas, já que meus estudos estiveram muito mais focados nos textos religiosos da sociedade ocidental, inclusive islâmica, mas até um livro de contos de fadas indiano, chinês ou budista... preferia não ler, por outro lado tem dois livros que sinto que era tudo que estavam faltando pros meus estudos da espiritualidade ocidental. Bom... não sei como anda a lei, mas se na condição que estou eu só pudesse resgatar a contribuição do fundo de aposentadoria daqui dez anos eu seria capaz de cavar um buraco e pular dentro dele. Bom, o meu caso pode não ter salvação mesmo. Terminar a faculdade pra dar aula depois de convencer psicólogos que sou digno de ficar famoso (eles até recomendaram que eu saísse de casa com um boné).

Bom, mais um pré-requisito mínimo pra leitura deste livro: em toda sociedade metade da população é inferior a certa idade. E a partir de tal idade, superior a da maioria, é bom começar a pensar em como manter os mais jovens progredindo, ou no mínimo fazer com que estes reconheçam que a falta de responsabilidade deles é o que na verdade é o que há de mais irritante na sociedade. Uma pós-graduação com intenção de fazer palestras ou consultoria em equipes de trabalho quando estiver na faixa etária dos 36... eu me sentiria feliz fazendo isso.

Infelizmente para os desfavorecidos no sistema escolar (e os que nunca levaram a sério a importância do conhecimento para a própria sobrevivência...) para estes imagino que a vida seja mais triste, pois seria melhor continuar trabalhando só para ver os filhos crescer.

Por falar em filhos, li recentemente que a simbologia do filho no mundo cristão, não tem a ver somente com o fato de Jesus ter sido o "filho" de Deus. Há também uma moral subentendida no significado de "ver o filho como digno de fé". Eu experimentei pessoalmente mas imagino que na Europa pelo menos já não vigora há muito tempo. Os ocidentais tem o nome "Júnior" e "Neto" em honra dos pais e avós, os Islâmicos tem o termo "Abu" (pai de fulano) na composição dos nomes, e não lembro exatamente o termo, mas também tem o nome que designa mãe de fulano. Mas a questão moral (que encontrei em Joaquim da Fiore), é que num modo de vida mais comunitário, de relações intensas com a vizinhança, (que pode ser constatada também nas relações entre alunos e seus pais em conjunto na escola), o senso de responsabilidade dos pais uns com os outros se baseia na amizade dos filhos com os filhos do vizinho ou amigo de escola. Houve tempo em que isso funcionou bem. Imagino que isso já não funcione em nenhum lugar e cheguei a formular uma alternativa mesmo considerando que ressucitar essa moral pode valer a pena.

Se você quer ter uma ideia melhor de alternativas ao senso de responsabilidade se você não enxerga possibilidade de o modelo antigo funcionar atualmente, leia o próximo capítulo. Foi uma carta que escrevi ao meu tio. Espero que para ele não seja constrangedor expor em público, mas… sim há roupa mal lavada até mesmo na minha família. No fim das contas acho até que concordamos que há pessoas repreensíveis dos dois lados que não se entendem. E no fim acabou se tornando o texto em que eu falava das coisas que podem ter faltado no resto da obra.

Bom, recentemente também descobri que o tempo todo estive cumprindo um desafio proposto por Nietzsche, e isso me acalma mesmo se eu chegar ao fim da vida sem ter vendido nenhum livro. Acho que está em a Gaia Ciência, dizia ele algo como: quem depois de ter experimentado a filosofia moderna seria capaz de imergir de volta a espiritualidade? Talvez tenhamos feito caminhos opostos, ele deve ter primeiro experimentado os clássicos e ao descobrir Schopenhauer (eu teria lido se o livro do Apocalipse e todas as consequências deste não estivesse no caminho, mas não só por ter influenciado Nietzsche, Horkheimer, cujo estilo parece o de um pós moderno melancólico, foi uma das leituras mais agradáveis pela qual passei, e foi influenciado por Schopenhauer. Outro discípulo de Schopenhauer que o leitor deve ter estranhado eu não ter mencionado foi Freud, mas não foi por falta de entendimento no mínimo básico da psicanálise, a questão é que pra mim a psicanálise parece ter surgido da perda de fé da sociedade nos sonhadores, ou pelo fato de estes terem se tornado muito pouco numerosos ou inacessíveis, mas creio que em menos de 5 horas de conversa um sonhador é capaz de resolver problemas que o método psicanalítico pode levar anos pra resolver, e tem casos que nem chegam a isso, melhor seria convencer a geração 2000 a estudar pedagogia) enfim, Nietzsche enxergou muita miséria na moral religiosa. O que posso dizer é que imergi na religião com o nariz tapado para a moral, por recomendação do próprio Nietzsche. Sobre a moral budista, o que é digno de nota se resume a duas palavras: acumular méritos. E mesmo não encontrando muitas coisas memoráveis, era o tipo de leitura que não me causava cansaço. (pelo menos foi assim por doze anos). Uma das coisas que descobri foi que a língua árabe tem uma afinidade singular com o inglês. Na tradução do Masnavi (o livro que deveria ter transformado os muçulmanos em sátiros dançarinos depois da conclusão da meta de Maomé, o qual teve como última vitória chegar aos portões de Bizâncio com um exército de 10 mil discípulos, e logo a conquista de

Constantinopla em 1453 deveria ter significado o dever apenas de manter os territórios já conquistados...), bom, quase nenhum verso do Masnavi não tem rima equivalente em inglês. Entre o português e o japonês a afinidade é mais engraçada. Diz a lenda dos brasileiros que se cavarmos um buraco em linha reta podemos chegar no Japão. Mas o engraçado é que na transcrição da fala nas músicas japonesas, dos antigos seriados de super heróis, haviam frases como Jibã, ri do Adalberto e morre ou O cara tussi, O cara tossiu, o rei igual do dinheiro de passar, e muitas outras barbaridades. Nietzsche estudou filologia, que imagino que atualmente seja o equivalente a semiótica e a hermenêutica, tem a ver com estilo e significados ocultos de textos e como digerí-los por inteiro. Quem leu UM ABENÇOADO MANESINHO poderia acabar por concluir que no processo passei de uma defesa não muito convincente do Marxismo para o Niilismo, mas na verdade muito do que considero a essência da responsabilidade política encontrei em Marx, e Nietzsche foi um bom instrutor para minhas questões relativas a me enxergar como ser, e é principalmente sobre isso o que o longo ensaio que logo virá para quem quiser ter ideia do maior tormento do meu espírito... Não sei o que é niilismo, mesmo assim as coisas que li mais marcantes pro meu espírito, mais do que tudo que já li sobre o espírito, foi o trabalho de Nietzsche, apesar de o livro póstumo dele quase ter causado uma tragédia pra mim. Um dos primeiros textos, se não me engano de Aurora, dizia algo como: todo pensador que escreve um livro tentando provar a existência ou importância de acreditar em Deus acaba sendo logo esquecido ou desprezado, mas quando alguém explica Deus ao mesmo tempo que ensina as pessoas a terem cuidado com os espinheiros (certamente ele falava de Jesus), não tem como qualquer pessoa recusar que este é imprescindível, que é melhor que a sociedade aprenda alguma coisa com ele, e contra ele resta um caminho de defesa que Nietzsche não dá o nome, mas o máximo que alguém poderia supor contra Jesus seria uma possibilidade de algo que não aconteceu ter acontecido no lugar. (Mas isso pra mim soa muito próximo da ideia de que poderia simplesmente não existir nada no lugar, e foi essa questão que me atormentou por quase vinte anos, e sei que pode ser excedente todo meu juízo sobre a moral, ou até sobre o senso comum, mas no fundo o desenho do rosto formado pelo corpo da mulher deitada, que é praticamente a mesma coisa que os físicos chamam de Fractal, não é uma questão de se não fosse possível, acredito que a matéria existe pois tal forma é possível em si. Pode ser a causa última da existência da matéria, o ponto em que a ciência e a arte se encontram). Bom, também entendo por que motivo não vale a pena demonstrar em livro a existência de um Deus para qualquer fim que seja. Uma única observação digna de nota de um filósofo que não lembro exatamente quem foi pode ser suficiente. No fim das contas se Deus existe de verdade e espera algo de nós que no dia do juízo final será cobrado, na via das dúvidas é melhor acreditar. Também soa como hipocrisia, se você pode andar e trabalhar, uma pessoa se ocupar em escrever algo que não contribui em nada com o próprio trabalho ou o dos outros. Há ramificações do cristianismo que diz que as obras (e suponho que principalmente as materiais) são o meio de salvação, porque demorar-se em obras sobre o infinito... A lógica do que vivi me induz a crer que a vontade é o que impulsiona o mundo. E o mistério é como o consentimento das pessoas de boa vontade, separadas no espaço, acabam levando as coisas a acontecer de fato. Lembro as exatas palavras que uma vez disse à psicóloga: sempre duvidei de um Deus que coloca as coisas certas no lugar certo, na hora certa, mas praticamente tudo que vi na vida foram coisas no lugar certo, na hora certa. Até aí tudo bem, mas e quanto a moral? Pode ser um ponto de estimativa, Zaratustra dizia sobre a dignidade de construir a casa do super homem, Jesus dizia que quando você constrói uma casa aos pequeninos está na verdade construindo pra ele. Acho que todos já entenderam, é preciso ter um ponto de estimativa do que agradaria alguém capaz de te pagar com a mais precisa justiça do mundo. Zaratustra falava sobre construir a casa do super homem, mas creio que ele esteve desatento ao fato de que muito do trabalho excedente do homem antes da revolução industrial foi pra construir "casas" em homenagem àquele que a maioria considerava ser o "super homem". Sim, as catedrais à Jesus. Foucault falava que a doença se tornou um problema quando surgiu o hospital. Quanto ao cristianismo as coisas são análogas. Mesmo que eu escreva por não ter opção, e por ter me prolongado demais na infância ao ponto de perceber tudo o que há de errado entre os adultos… Sei também que a aceitação do que digo depende do reconhecimento das pessoas que os monumentos foram exagerados se pensarmos que o melhor que o homenageado nos fez foi ensinar as pessoas a não lançarem as sementes no espinheiro (literalmente). Bom, também nos ensinou a sermos generosos. Mais de uma vez li que o cristianismo tem a ver com obediência à autoridade. O mérito de Jesus tem a ver com o surpreendente fato de ele ter feito muitos céticos desconfiarem que milagres são possíveis. Mas se a autoridade dele dependesse do que ele nos ensinou de vital e urgente em termos de métodos de sobrevivência… ah sim, amar uns aos outros, confiar nos hormônios das emoções pra julgar as pessoas, pode ser um bom critério de julgamento, mas pra mim nunca funcionou porque tenho emoções bem preguiçosas. Bom, eu precisava afirmar o valor de Jesus três vezes, é cafona, mas meu respeito a ele é por ele ter convencido céticos de que milagres podem acontecer.

Não me lembro se mencionei que o perigo de George Orwell era fazer as pessoas reprovarem o marxismo com uma demonstração simplista demais, o que não devo ter dito é que, como ficará claro em outro ensaio neste livro, é que pessoas traumatizadas não são capazes de fazer filosofia. Se me demonstrei incapaz de fazer filosofia em UM ABENÇOADO MANESINHO, sei que pode ter tido relação com o trauma que tenho em relação a cidade de São Paulo (pelo contraste extremo do que encontrei lá, e não pela maldade em si que há em qualquer lugar), ou também porque no fundo nenhuma espiritualidade me ensinou filosofia nenhuma, espero ter analisado o suficiente no volume dois da coleção NOTÍCIAS DO FIM DO MUNDO, com maior maturidade no mínimo, tudo que poderia haver de suposição de ser digno de fé em UM ABENÇOADO MANESINHO. Nos pontos onde não dei conta de manifestar alternativa, a dúvida pode ser o melhor dos remédios, mas que me lembro a questão mais difícil era justamente sobre "o que devemos fazer nos novos tempos?" Descansar e aproveitar o que já foi produzido? Usar o que já temos num esforço de preservar os tutoriais e mídias e quem sabe até preparar a vida pós humana? Eu diria que esta última opção pode conduzir o esforço e esperanças de muitos, mas as duas primeiras alternativas parecem ser o melhor modo de aproveitar os próximos anos. Bom, tudo indica que ninguém mais tem pressa como no século XX, mas trabalho... sem este corremos o risco de perder muitas coisas que tornam a vida agradável. Mas tem a questão que... você pode gostar de pizza, eu gosto da vegetariana que une o útil ao agradável, nutrientes e sabor, mas se você pegar todos os ingredientes, bater no liquidificador e beber com o nariz tapado, a absorção de nutriente é a mesma, e a avaliação de quanto trabalho precisamos é algo entre esses dois extremos. Num hospital psiquiátrico que estive os funcionários não passavam dois minutos por dia tirando uns nacos de quase uma polegada de nata do café com leite, e é o tipo de coisa que pra mim teria tornado o tratamento uns 50% mais suportável pra mim. Mas havia a questão também que... não era pro paciente gostar mesmo daquele lugar, quase certeza que era essa a intenção.

Bom, havia dito eu que deveria esta nota preliminar ter sido apressada. Espero não ter causado danos muito sérios ao leitor curioso que tentei desencorajar a continuar lendo ao longo do texto. A carta ao meu tio contém um método menos constrangedor de ensinar as pessoas a respeitarem a sociedade, mas também tem muita lama. Se estiver satisfeito e seguro que pode corrigir as pessoas com o exemplo do espermatozoide vencedor melhor parar por aqui. De resto tudo é mais prestação de contas de que doze anos de estudos renderam frutos.

Um último aviso aos que aguentaram

ler até aqui. Pode ser que mesmo não tendo ocupado tantas páginas a parte capaz de consolar o leitor sobre o que vem pela frente, posso ter feito o caminho inverso do livro do Apocalipse, que em termos de volume as coisas ruins também ocupam a maior parte do livro. Pode ser que este livro faz o caminho inverso, para o leitor em fase de reconhecimento de que deve se ocupar dos trabalhos de comando e organização dos assuntos mais complexos da sociedade, os que viveram mais tempo do que metade da sociedade mencionados nesse texto, não há problema em continuar a leitura. Se você faz parte do grupo que acabou reconhecendo ser necessário fazer autocorreção, também melhor encerrar neste ponto, pois até aqui já há dureza suficiente para quem acabou de desistir de ser mesquinho, digo, pode ter sido a primeira grande metamorfose da sua vida, mas o ser completo deve passar por mais uma, que será explicada, porém exige mais tempo para chegar até ela.

Jovem, se você chegou até aqui antes dos trinta anos espero sinceramente que tenha entendido superficialmente, mas todo adulto há de concordar que a não ser que você seja uma criança, eles mesmos preferiram ter demorado para descobrir o que vem a seguir.

Enfim. Não pensem que sou um monstro, mas eu poderia ser voluntário para a cura de Herodes. Todo esse livro expõe raciocínios e interpretações indigestas da realidade. Existem pessoas que não suportam um minuto de humilhação. As que aguentam uma vida inteira de cabeça erguida desistem do álcool na primeira dor de cabeça causada pela ressaca. Digamos que stress nível 2 seja os 15 anos, melhor deixar seu filho gostar do que quiser. Nessa fase sua opinião sobre qualquer coisa já não vale mais nada pra ele. Um dia ele vai entender o papel que vocês pais tiveram pra que eles se tornassem o que se tornarem. Se seriam capazes de educar os filhos com os mesmos valores? Se ele ler este livro quando chegar a idade pode ser que eles pelo menos tenham alguma orientação. Se a sociedade vai adotar ou não… Que fique claro que se gostamos ou não. Pra mim também é embaraçoso elaborar uma cartilha moral. E considerem que livros de auto-ajuda são também isso. É justo reivindicar: "Como assim, e qual será meu papel na formação minha e dos meus filhos?" Ora, eu disse alguma vez que não havia escolha? Se isso aparece no texto principal deste livro, lembre-se do que está escrito na terceira introdução. Menos das drogas. nível 3: processo de descoberta do mundo do trabalho arduo, nível 4: os perigos do amor. Nível 5: aceitar com tranquilidade ir pra guerra. O autor de Blade Runner chamava de Freuds de Stress. Digamos que entre o homem capaz de ir pra guerra e o capaz de mandá-lo ir pra guerra, é tudo muito ruim mesmo. Mas o que envia tem uma capacidade específica de organização que não se esclarece em um parágrafo.

Espero que ninguém se sinta em prejuízo e nem desavisado. E principalmente curioso sobre o que vem a seguir. Também espero que se o leitor chegar à conclusão trágica do livro, não me considerem culpado por tudo o que há de convincente no texto. Mais uma observação: se for pra recomendar a leitura deste livro a alguém, que seja aos mortos.

Epístola a M, meu tio (escrita às pressas, antes de uma visita anunciada)

Sabe tio M, eu aprecio a paz com quem está em volta, mas meu diagnóstico inclui a questão de que... bom, para além do diagnóstico, quando uma visita fica 3 dias na sua casa sem ter a questão das crianças interagindo, dizia um filósofo, começa a ficar incomodo. E... bom, pra fina corda que liga o indivíduo a realidade do mundo atual, antigamente exemplos singelos de livros (a profecia celestina, 1984, laranja mecânica, Milan Kundera, Huxley, 2001...) sei que os ingredientes dos meus livros podiam estar equivalente aos de tais livros, porém foram 1000 paginas. Uma coletanea de ensaios do maior poeta da agricultura (também bastante longo) lançada em 2017 até hoje vendeu 30 mil exemplares. Bom, eu ajudo as pessoas a descobrir o que elas podem fazer de melhor na vida, e como o inconsciente delas pode estar sabotando elas, e que o convívio bem humorado torna qualquer trabalho menos penoso sem perdas na produtividade, até o ponto de algumas delas considerarem que não devo passar vergonha sozinho, bom, minha fama que nunca encarei como possibilidade depende da cooperação delas. Sei também que sou digno de desprezo tanto quanto o piloto do Avião que destruiu Hiroshima. Sei que você também tem um ego, e a questão da visita de 3 dias não foi acidental, todo ego tem desconfianças e ilusões. Tudo me leva a crer que o primeiro casal de Homo sapiens foi expulso de uma sociedade de hominídeos por diferenças anatômicas e de inteligência que causava mais medo e desconfiança do que otimismo (eles sabiam por exemplo que quando alguém do grupo escondia alguma coisa ficava olhando pro lugar que escondeu). No mundo das relações mais complexas as técnicas de manter aparências convenientes para fins secretos (o que os ancestrais dos sapiens faziam inclusive) é vital. Michel Temer foi um herói, preferiu que a sociedade estivesse contra ele por uns meses pra não estarem todos contra todos. No jogo de cartas aquele que é capaz de notar pelo olhar o blefe do adversário acaba sendo interpretado como trapaceiro. Mas o ponto que eu queria chegar era que... o primeiro homem mais de uma vez deve ter tido que se fingir de morto diante de um urso, ou talvez um tigre, e todo trabalho feito até hoje serviu para que a sociedade fosse uma zona de conforto. Os jovens não sabem que tem os sentimentos mais extremos então nos melhores casos os confinamos na faculdade, antigamente no convento, no pior dos casos na guerra ou na prisão. O trabalho do pedreiro que deixa evidente que nenhum ladrilho está faltando na praça também é um modo de assegurar que a sociedade vai bem. Existiram indígenas que faziam sopa de tutano nos meses mais frios porque era o único alimento. Se nossos agricultores não nos levam a isso, as coisas andam bem. O estranho é existir o trabalho de contabilização e formalização (metade das pessoas não sabem lidar com isso, a outra não gosta), manter as pessoas pensando em coisas mais leves ou por que devemos respeitar e cuidar com boa vontade da sociedade em que vivemos (foi o que fizemos de melhor)... Ninguém no mundo é digno de sentir um orgulho supremo e nem vale a pena tentar, acho que sou mais vaidoso do que orgulhoso. Acho que Jesus ter reprendido Judas por deixar a mulher ungi-lo e depois a santa ceia (acrescentado após o envio da carta: quando Jesus dizia quem vê a mim vê ao pai) foram atos de orgulho. No fim o bem e o mal são questão de conveniência sobre como agir no próprio tempo, aprender a gostar da companhia do sábio com bom gosto mais do que do que tem uma ferrari. Quanto a mim, creio que sou vaidoso. Outra coisa, acho que a humanidade não deveria chegar ao fim com a moral tão baixa. Tudo indica que os Estados Unidos já sabe que não é o centro do Universo e qualquer atitude bélica deles poderia gerar o confronto direto com a Rússia e a MAD (mutually assured destruction), e no fim se deixarmos os russos eliminarem o Rio (não gosto das noticias daquele lugar) e o Brasil ir combater os russos enviando metade da população carceraria... fato, o mundo ouve mais noticias do Brasil recentemente do que de qualquer outro país. eu já informei o FBY sobre isso e... bom, meu psicologo disse que esquizofrênicos podem ter problemas por se sentir perseguidos, pode não parecer lógico para muitos por que a Rússia deveria trocar de inimigo pelo bem da humanidade. Pelo nosso próprio bem, queria uma simples prova de que suas frequentes visitas tem mais a ver com o fato de ser caminho pra Araxá. Muitas falhas do funcionamento das coisas podem ter a ver com o tempo certo. Certas pessoas, as que são decisivas a respeito do prolongamento da existência humana, em torno dessas tudo é muito delicado. Bom, já se foi a era do meu senso de humor. Não se diz muito sobre Israel como lugar de acontecimentos históricos em termos cientificos. Um sujeito que fazia milagres e curava pessoas? Outro fez o mar se dividir em dois e recebeu de deus as tabuas da lei? É tudo muito suspeito em termos científicos, mas acredito que pode ter sido tudo verdade por ter a constatação continua do que o mundo pode ter sido há muito tempo (o relato mais antigo) Não sei se pra Deus tudo é possível. Não se conhece Deus como entidade, mas a partir dos efeitos. Se é de infinitas possibilidades também não sei. Talvez Deus cuide pra que as pessoas estejam com a disposição certa pra que as coisas mais certas aconteçam se todos os envolvidos consentem. Mas pensar numa realidade em que você encarna como desenho animado seria ir longe demais. Bom, eu me curvaria diante de você se você fosse um pouco menos orgulhoso. Seus netos foram muito educados quando vieram aqui. Mas minha decisão sobre o destino do Rio me faz pensar que seria melhor que as pessoas me deixassem em paz. Além disso os médicos me disseram o sintoma do cancer de prostata. Não informei que os tinha pois não pretendo me tratar porque no fim morrer de cancer no cu poderia ser a melhor conclusão. Minha dor na consciência é enorme e sei que seria mais maduro expor tudo pessoalmente, mas tive receio de que parte do conteúdo acabasse faltando e exigiria muito tempo expondo coisas indigestas. Preferia passar o resto da vida em casa, só conversando com aqueles que acataram as missões de projetos que também ajudarão o bem estar das pessoas, não acho que elas se sentiriam encorajadas a partir da minha punição, talvez até por receio de que o simples fato de acatar ao meu projeto poderia levá-las ao mesmo fim mesmo fazendo o que é necessário. (principalmente o primeiro super-heroi da história da geração 2000, nota: foi necessário omitir as técnicas que este monstrinho domina). 1 profeta do seculo XX dizia que o mundo seria salvo por um guardião sombrio e um policial hippie. Pode ser melhor respeitar o guardião sombrio.

Resposta de M

Nota preliminar de Ricardo: apesar de ter educado os filhos de modo alternativo ao de José, que basicamente só me ensinou na vida que o importante é só chegar vivo em casa, M foi um homem bem humorado, alegre e bem sucedido na vida, o primeiro homem que me fez sentir seguro de que poderia sonhar alto na vida. Não sei como ou com quem aprendeu a subestimar os familiares com pequenas sutilezas. Antigamente dizia-se quando o presente é grande o santo desconfia, mas quando é pequeno demais… (num caso extremo, se seu primo político eleito traz alface num porta-malas quente numa viagem longa pra vê-lo comer com alegria… Não que isso tenha acontecido pois não cheguei a comer o alface) É hora de chamar a super nanny (programa de televisão antigo sobre os erros no modo como os pais educam os filhos, bom, na conclusão ficará claro porque mencionei esse programa). Bom, nem tudo que parece descuido realmente é na verdade então melhor que o tratado de paz seja adiado, longo, e que a última evidência vergonhosa seja exposta (que não é quando a pessoa te leva alface, deve haver algo pior) ao menor sinal de orgulho, indisposição, subestimação. Neste caso, pode ter sido tudo acidental, a verdade vergonhosa que ele disse foi omitida nesse texto, mas ele disse pessoalmente. E minha iniciativa de corrigi-lo foi um erro apressado com a única intenção de reforçar que para quem está em volta do guardião sombrio é melhor os que estão em volta respeitarem a vontade como dever. Quanto ao Rio de Janeiro, foi uma sugestão que dei aos estrangeiros, neste caso sou acusador e não carrasco, ninguém precisa levar a sério a acusação de um juiz louco.

Olá Ricardo, tudo bem com você?

Passei pela sua casa na última sexta feira e, como tem acontecido ultimamente, você estava dormindo, perdemos a oportunidade para colocar a conversa em dia. Mas de volta a São Paulo _ não, não estava indo nem vindo de Araxá _ pode dialogar com sua longa _ por assim dizer, carta. Como seus escritos que já li antes, cheio de mistérios e de uma angústia existencial latente que irradia. Marquei algumas passagens que entendi dizerem respeito a mim e que eu não entendi ou não concordei. A começar pelo diagnóstico de câncer de prostata, que é algo muito sério e que precisa do tratamento para impedir se não que você morra de câncer no cu pelo menos para evitar o sofrimento e a dor que precede esse desfecho. Isso é grave e não deve ser tratado como um gesto de heroísmo ou de desprendimento, mas como a necessidade de que a vida seja o menos pior possível enquanto estamos vivos. Te cuida, meu amigo, e se precisar de alguma ajuda, você sabe que pode contar comigo. E já que estamos falando em amigo, não preciso provar se minhas "frequentes visitas tem mais a ver com o fato de ser caminho para Araxá." Você que tire suas próprias conclusões. Por sinal, parece que não lhe faltam argumentos para formar um conceito sobre mim, que pelo jeito não é dos melhores. "Bom, eu me curvaria diante de você se você fosse um pouco menos orgulhoso". Sim, tenho muito orgulho da maioria das coisas que eu fiz e da pessoa que sou, mas não faz parte disso que as pessoas se curvem diante de mim. Sinceramente não entendi o que você quis dizer com a "visita de três dias," não se é uma alegria ou se é uma alusão a um fato que desconheço. Quanto ao seu livro, que eu tenho o privilégio de ser um dos raros leitores, não creio, em minha modesta opinião, que ele seja equivalente às obras de Milan Kundera (que eu li e não gostei) ou do Aldous Huxley, ou de Anthony Burgess, ou do Rauan Nassar (acho que você se referia a ele quando fala de um poeta da agricultura). Sinto quando você fala de seu livro (ou de seus livros) que você espera que eu possa agenciar sua carreira de escritor. Se é correta minha percepção, sinto dizer que vou decepcioná-lo porque não sei e não gosto de fazer isso e não fui bem sucedido nem no agenciamento dos meus próprios livros. Mas sinto uma grande satisfação intelectual de estar falando desses assuntos com você, pois não é muito comum no meu dia a dia falar com gente que conheça esse tipo de literatura. Mostra que você é uma pessoa muito inteligente e criativa, com uma grande curiosidade científica e cultural. Soube inclusive que você enviou uma proposta ao PPA 2024-2027 do governo federal. Acho que é disso que você trata quando escreve de projetos que ajudarão o bem estar das pessoas," Quanto a "Preferia passar o resto da vida em casa, só conversando com aqueles que acataram as missões de projetos que também ajudarão o bem estar das pessoas", só posso dizer: eu támbém. Haveria muito mais para comentar, mas confesso que muita coisa que você escreveu eu não alcancei o sentido. Parte é culpa das minhas limitações, mas parte é pelo fato de suas ideias serem muito confusas mesmo. A destruição do Rio, as informações ao FBY (?), Israel, deus, guardião sombrio, policial hippie _ não sei de nada disso. Mas espero que você não perca o senso de humor. Rir é o melhor remédio. Passar bem. Meu caro amigo, e estou sempre pronto para um bom papo, seja a caminho de Araxá, seja na via da internet.

Resposta de Ricardo:

Talvez minha falta de polimento e exageros sejam resultado de muitos dias sem rir. Bom, estive escrevendo mais um livro (este). O que posso dizer é que houve uma evolução enorme de um livro pro outro. Os autores costumam ser os que menos sabem as conclusões que as pessoas podem chegar sobre os próprios livros. O importante é escrever com a melhor das intenções e a gramática não falhar. Sobre a despedida final (a morte), me tornei velho muito cedo. Não sou digno nem de recompensa nem de luto. Devido às tentativas de suicídio. Mais uma coisa sobre a morte. Diz o budismo que vivemos para acumular méritos. Ocupar a mente por mais dez anos seria penoso demais pra mim. E na velhice precisamos ser bravos marinheiros diante da pior das tempestades. Na minha opinião nos hospitais todos merecem mais cuidados do que eu para viver mais. Mas entendo e respeito sua reprovação apesar de preferir que seja do meu jeito. O poeta da agricultura que encontrei se chama Wendell Berry, mas obrigado pela recomendação. Pode parecer que minha desconfiança esconde algo. Isso eu preferia confessar pra tia Lola. A menção dos três dias hospedado na casa de alguém… Cê precisaria falar com o Zé se quiser porque por mim já não tem problema. Mais uma coisa sobre o livro. Tudo aconteceu de verdade. Deus pode ser o magnetismo da estimativa do que todos querem. É isso o que pode ter levado a rainha da Espanha a estar usando o mesmo vestido que uma professora homenageada numa certa cerimônia. Apesar das estatísticas me parece triste depois de tanto mérito acumulado ainda nos vermos abandonados ao acaso, a incerteza, e nem sermos livres para cavar um buraco e pular dentro. Mas eu também ficaria preocupado se você dissesse que gostaria de ter liberdade pra isso também.

No meu caso sinto que aproveitei a vida o suficiente.

Só mais uma coisa, reconheço que houve sorte. Eu poderia mesmo acabar tendo que vender pastel na feira com o juizo e senso de organização que possuo. Mas sinto orgulho de ter tido os pais menos dignos de má sorte que eles são. Os tempos são mesmo difíceis pra qualquer um. Se seus filhos se tornaram mais que o que eu disse que poderia ter me tornado... Não há nada de errado em esperar que os filhos honrem os pais pelo caminho que os pais trabalharam preparando para eles. Atualmente pode acontecer com qualquer um. Ainda não li o livro da sua filha (minha prima, escreveu um livro para crianças). Um pouco de atenção sobre o que seus filhos tinham potencial pra ser... o Zé ouviu muitas aulas minhas sobre política quando eu estava no cursinho.

Conclusão, passar o dia refletindo sobre o que pensar sobre a pessoa. E que você deve corrigir o que fez de errado contra ela. Para colocar a prova outro ramo da família, o da esposa de M, irmã da minha mãe cometi calunia, mas eles são capazes de tocar a alma de quem convive com ele e passar anos refletindo no que pode te ensinar de melhor. M já deu provas de que prefere ficar em paz. Melhor não insistir. "Preferia passar o resto da vida em casa, só conversando com aqueles que acataram as missões de projetos que também ajudarão o bem estar das pessoas". Ele respondeu eu também. É o suficiente. Mais uma coisa, aos trinta anos as amizades da juventude já estão bem fraturadas (Não vou em tal lugar porque tal pessoa estará lá). Isso chega a um extremo em que a dissolução é inevitável. Sondei se a família é digna de solidariedade social, conclui que preparar uma única mensagem durante anos para tocar o coração dos parentes pode ser suficiente. Melhor procurar amigos no trabalho, ou de um grupo religioso (este último Durkheim mostrou já ter perdido a consciência no livro Divisão do Trabalho Social) mas no melhor dos casos, o ambiente religioso não deve ser composto por sermões sobre Deus, a moral, a dignidade e bom exemplo dos Santos também mas sem elevá-los demais a ponto de o interlocutor falar destes como se fossem o próprio Deus. Sim, o ambiente religioso também pode ser interpretado como um lugar de trabalho.

As Três Metamorfoses do Homem Nietzschiano. Uma Análise dos Sentimentos e Consciência da Era Moderna.

Preliminares:

Primeira introdução: O Escaneamento da Mente:

Este texto também faz parte do Manifesto da Nova Era no País do atraso, contido no segundo volume da obra Notícias do Fim do Mundo, A Renovação dos Tempos. Foi uma primeira abordagem (talvez a mais bem organizada apesar de cheia de lacunas) do que este livro pretende apresentar. Sei que uma delas pode ser a falta de identificação do surgimento de uma retórica argumentativa dos assuntos humanos, bom, a articulação desta se deu no nível das deliberações jurídicas,pode haver uma lacuna sobre de onde surgiu uma "ciência" que mais do que simplesmente analisar estava à procura de fatos que podem ter marcado um outro momento em que a ciência analítica pensou poder ir mais longe, dizendo em função do que as pessoas poderiam viver, mas a imparcialdade, e a noção de que as coisas vão bem como estão em forma de livros, ou de que vão mal e precisamos nos organizar pelo nosso próprio bem são produtos da história do entendimento do homem sobre o homem. Mas isso Foucault fez muito bem em outro livro.

O texto: se Deleuze sugeriu algo parecido

para a metodologia da psicanálise, foi mera coincidência. Vendo o que um amigo escreveu (e não pretendo publicar) me fez pensar que o escaneamento da mente pode ser o método mais rápido de acesso ao estágio em que a pessoa pode estar estagnada.

Ah sim, primeiro acho que pode ter valor a ultima mensagem que enviei a mestre Marcos, chefe do departamento de Sociologia da USP, ele tem sido receptivo às minhas ideias e é uma das pessoas que me motiva a querer ter mais ideias. E a última mensagem que deixei em público. Todo o resto do texto fluiu espontaneamente sem nenhuma preocupação, com um ou dois intervalos pra ir ao banheiro e fumar um cigarro.

Primeiro transcreverei a mensagem ao mestre Marcos. (Nunca me cansarei de criticar os weberianos que subestimam Marx apesar de terem um pouco de razão). Quanto a mensagem que deixei em público, faltou dizer que metrópoles não são necessariamente os lugares mais perigosos do mundo, mas a chance de dar merda bem do seu lado é bem maior do que em cidades onde as pessoas estão distribuídas mais esparsamente (Sei que já mencionei isso em outro lugar, mas é bom reforçar).

Mensagem a mestre Marcos:

Imagino que muitos weberianos desconsideram Marx a partir da questão do ovo ou da galinha. Não que o trabalho árduo não seja louvável, mas se Weber vasculhasse a história do capitalismo regredindo mais no tempo teria encontrado a fonte material do início do capitalismo: a imprensa. Quando os cristãos tiveram acesso a bíblia (passando esta a não ser de uso exclusivo dos sacerdotes) encontraram uma informação que os padres católicos podem não ter encorajado as pessoas a pensar: a parábola do bom servo de Deus que quando emprestam uma quantidade de dinheiro a ele ele volta ao credor com o dobro de dinheiro enquanto o mal servo enterra o dinheiro... Mesmo que o protestantismo seja mais que isso poderia nunca ter existido sem o surgimento da imprensa. (Conclusão: As condições materiais, mesmo que de acesso a informação, foram mais determinantes do que a ideologia em si que motivou o surgimento do pensamento burguês. A ideia existia antes mesmo, mas permaneceu adormecida antes da ampliação do acesso a ela).

Última manifestação em público:

Foucault falava de um saber incisivo sobre o que era patológico. Um saber com intenções práticas, de nível arquitetonico, clinico e policial. O Datena é o produto exagerado desse saber. Mas Nietzsche já alertava: a verdade não é manca a ponto de precisar ser defendida. A reação à preocupação exagerada dos que presumem saber sobre o doentio através da mobilização ao trabalho pra criar grandes monumentos é uma reação tão monumental quanto: gastou-se muito pra nos alertar sobre um problema, será que devo me preocupar com isso? Alguns se precavem se escondendo na banca de jornal quando se veem sozinhos na rua, instalam sistemas de segurança em casa, alguns avançam com o carro na faixa de pedestre, antes de o semáforo abrir pra evitar assaltos. Outros que até tem condições de sobreviver normalmente podem praticar assaltos quando pensam que a conta do fim do mês não vai fechar… De repente se o governo só asfaltasse ruas ou trocasse lampadas, e o cidadão informasse o governo sobre essas pequenas coisas em reuniões periódicas entre cidadãos e vereadores, e tivesse pelo menos um vaso num cantinho da casa… poderíamos economizar muito pra poder desviar o mercado de trabalho para o que as pessoas precisam de verdade.

O escaneamento:

Antigamente a linguagem era mero instrumento de fala, haviam eixos de analogia e diferença, comparar a grama com as estrelas por exemplo, mas em geral o que se estudava era a relação entre as palavras a partir da raiz. Prefixos e sufixos, a função do ex em expoente e exposição, a familiaridade entre critica e critério. Analogias entre proposições e construção de proposições somente a partir da relação com outras proposições. A partir de Dom Quixote surgiu a questão: estou vendo as relações entre as coisas e interpretando o mundo com coerência pelo modelo antigo, porém as coisas já não podiam ser mais analogia entre duas sentenças, o mundo estava incoerente em relação ao catálogo da relação entre as coisas. O misticismo da raiz das palavras pôde ser dissimulado a vontade a partir daí.

A ciência surge daí, não como determinação de verdades sobre o mundo atribuído aos sentidos, mas com o uso da linguagem como instrumento de análise do que está simplesmente dado. Até os próprios sonhos foram objeto de estudo, a partir da suposição de que nele se apresentavam os símbolos análogos ao próprio desejo e a relação do sujeito com estes, mas os símbolos podem ser também o exercício inconsciente da imaginação que é equivalente a nossa capacidade de usá-la acordado diante de imprevistos. (por que não?) Mas se a química concluísse que até os elétrons podem ter subeletrons talvez mais densos, que estabelecem novos campos magnéticos ou alteram o peso do átomo toda a química teria que se reorganizar em relação a isso. Lavoisier só pegou umas centenas de exemplos de composições e os organizou como em um dicionário. Mas pra mim ainda é a parte mais misteriosa da ciência.

Tudo indica que a análise em direção a determinação do efeito do mundo atribuído já é suficiente. Passos adiante teriam que fazer combinações de análises em diferentes tempos. Não para fazer as análises dizerem mais sobre as coisas, mas como produtos de síntese para almanaques de curiosidades. Não que a análise fria que desdobra os objetos em milhares de sentenças não tenham tido justificação o suficiente para as sentenças da ciência, mas porque o que foi aceito da ciência já pode nos dar conclusões seguras que informam em 10 páginas todas as proposições desdobradas sem deixar espaço vazio na análise. E porque, todas as justificativas que a análise diz sobre si mesma, em qualquer direção do conhecimento, não podemos esquecer de que a vida é o intervalo entre duas mortes. Se passamos a vida inteira julgando justificativas de proposições analíticas em uma única direção, não enxergamos nada dos outros diversos ramos que outras pessoas consideraram significativo analisar. Precisamos ocupar a atenção com qualquer outra coisa além daquelas que você conhece a justificativa de proposições analíticas e as expõe aos outros para contemplar.

Aí está o ponto, é preciso aproveitar a vida. Tudo indica que é impossível não ser alienado. Em geral a respeito do espaço e do tempo, e no fim pelo menos a possibilidade de existência de uma outra área do conhecimento é um mistério.

Na história sempre se ressalta a nós que alguém mais exerceu influência sobre o pensamento das pessoas por ter sido preservado até nós.

O cristianismo não era a única fonte do que se chama cultura, pode ter sido a melhor defendida mas não era completa. Dá pra listar e descrever em 700 paginas os rituais pagãos a respeito da vegetação e colheita na era medieval, 800 de contos de fadas. Existiu uma alternativa de 500 paginas de mitos muito mais comoventes do que a história de Jesus entre os romanos apesar de serem mitos. E a filosofia grega deve ter inspirado mais obras de avanço do conhecimento que o cristianismo também.

Quando Sócrates viu uma sociedade numerosa alertou os jovens dizendo: os dois livros heroicos de Homero não podem nos acudir em relação a questões de justiça, seria melhor se os governantes fossem filósofos. Sócrates foi condenado a morte por isso.

Da segunda vez que o indivíduo se viu diante de uma sociedade numerosa e questionou a opulência dos capangas dos reis filósofos, vendo que nos EUA foram estabelecidas regras de civilidade, estourou a revolução francesa, mas o povo foi punido com o fato de que a partir daquele momento somente o camponês não precisava ir a guerra (Aliás não tenho certeza sobre essa última informação também, me desculpem, mas certamente adicionou-se muita gente entre os recrutáveis ao exercício militar).

O imperialismo napoleônico foi uma demonstração de que o estatuto do cidadão tornava a sociedade forte o suficiente pra enfiar a cara na lama de monarquias que juntas tinham pelo menos 3 ou 4 vezes a população da França.

Enquanto isso na Alemanha… Em 1848 (quando as nações derrubavam monarquias) a Alemanha era uma cabeça enorme: Kant mostrando que o mundo exterior à consciência só é cognoscível pelas estruturas que se encadeiam no cérebro em paralelo e analogia ao mundo (e mesmo os sentidos não captam a essência do mundo, por exemplo as cores ultra violetas e infra vermelhas, cada pessoa também só é capaz de escutar uma faixa limitada entre o agudo e o grave). Goethe mostrando que o mundo burguês tem seus constrangimentos pela necessidade de se defender dos outros afrouxando o egoísmo e sempre tendo que socorrer o amigo da quinta série que voltou a morar no mesmo bairro e tinha acabado de voltar de uma viagem longa que acabou com as próprias economias. 2+2=5? Coloca dois cavalos atrelados a outros dois cavalos pra puxar uma carruagem e vê se os 4 não fazem em 4 dias o que 2 carruagens com 2 cavalos cada fazem em 5. A dialética de Hegel é mais ou menos isso, a síntese é o resultado do atrito de forças, gera um produto totalmente diferente de cada uma das partes. Pensavam em ideais e espírito como termos em relações muito abstrata pra analisar a generalidade do ser e do sujeito.

Quando Marx chegou o povo alemão nem capitalista era. Sabendo que o socialismo dependia do desenvolvimento máximo das forças produtivas do capitalismo… ele e Engels só poderiam alertar o trabalhador da industria dizendo: sejam solidários uns aos outros porque o capitalista pode te esmagar. Mas no fundo o que ele queria dizer já era um passo adiante da evolução da sociedade preconizado por outro alemão, porém pessimista. Schoppenhauer, o único filosofo que Nietzsche levou a sério, (e trouxe ao publico uma versão que ao contrário de Schoppenhauer afirmava a vida) de resto ele atirou farpas por tudo que cheirasse a sacerdócio. Scoppenhauer falava do surgimento da vontade e da escolha.

Nietzsche falava que o filosofo é a má consciência do próprio tempo. Eu diria que, desde quando Kant alertava: jovens, cuidado, vocês pensam que os adultos querem te oprimir? Eles querem se proteger contra sua irresponsabilidade porque na verdade vocês podem causar muito mais estrago do que os adultos.

Descartes falava que escolha era impensável, lembre-se que ele viveu na época que se você quisesse um omelete precisava esperar a galinha botar o ovo.

Marx adiantou pra consciência da sociedade: o que as pessoas menos gostam de fazer é trabalhar, mas no fim das contas com exceção das ervas que nascem naturalmente em qualquer canto, das florestas, da poeira que se acumula... Uma casa pode ter em si o resultado de 1000 pessoas juntas. Respeitem o trabalho alheio e não exija mais do que precisa. Nietzsche falava do caminho em direção ao ser. Ser é aquele que se reconhece como um grão de areia. Tem uma vida longa pela frente ou atrás de si. Num espaço infinitamente enorme em volta de si e acessível.

Voltando a psicanálise. Freud

descobriu as etapas do desenvolvimento psíquico até os 7 anos. Onde se encontram as catexias: partes do corpo com que a criança sente mais prazer, primeiro a boca e o olho, depois a descoberta do cocô e de que o mundo é também feito de lama fedida, depois a fase do amor platonico.

A contra cultura dos anos 60 aos 90 recapitularam essas fases estranhamente, O Nirvana era a pior banda em técnica, e a que estava se divertindo mais espontaneamente sem esnobismo. Pelo menos fez o mundo conhecer o Meat Puppets.

John Lennon dizia que o sonho acabou, Kurt Cobain foi a prova de que o sonho morreu junto com a vergonha dele de reconhecer que era um adulto, que um dia as pessoas perceberiam que eles eram realmente os piores em técnica na época… Mas eles eram tão bons quanto os Beatles e a maioria dos grupos hippies dos anos 60. (nota do autor, indies soam como o que mr. natural de Robert Crumb disse: crianças entediadas de brinquedos caros).

Certo… A alienação do espaço… Sabe-se lá o que a Índia tem achado importante reforçar como mentalidade coletiva. Depois da globalização muitos países se tornaram regiões silenciosas, menos o Brasil provavelmente.

É interessante sobre o conhecimento também que em geral pensamos não saber direito o que andam lecionando a respeito da própria área que estudou, quando na verdade é a que conhecemos melhor. E é legal apresentar o lado fantástico de descobrir coisas afinal temos acesso e a vida do casal no restaurante do filme o Sentido da Vida que nunca se perguntou por que existimos deve ser bem entediante.

Pra mim existimos para evoluir até o ponto em que a angustia do existir é tão grande, e não haver lógica que justifique a existência em oposição ao nada... É aí que o desenho da mulher fractal entra.

Toda arte só vem a tona quando temos concentração suficiente pra executá-la sem erros ou ter que corrigir. Pode ser que tudo retorne.

O que está faltando? Nietzsche falou uma vez apenas sobre a guerra, entre outras coisas que o ressentimento é um problema muito destrutivo. E que se considerava um homem calmo e compreensivo apesar da foto que ele parece irritadiço. E muitas das coisas duras que ele disse que causam nó na garganta podem ter sido produto de ansiedade.

O sujeito que interpretou tudo ao avesso de Nietzsche menos a menção de Zaratustra de que a guerra pode ser justificável foi considerado a pessoa mais monstruosa do século XX...

Calma lá, Maomé, O rei Davi e Homero também fizeram isso. Maomé não foi o único divisor de águas do Islamismo. Houve Rumi, e o livro das mil e uma noites. A biografia de Maomé é incrivel também, a versão do Martin Lings, leitura obrigatória pra vida.

Marx não só reprovava a presunção da legitimidade de apropriação do excedente de valor (mais valia) pelo capitalista. Pior é a especulação que tem como efeito fazer pessoas ganharem um salário mínimo para executarem tarefas (8 horas por dia) que em 5 horas as faz sentirem um chicote nas costas. Se Marx alguma vez falou em derramamento de sangue foi para condenar adversários. Do que li não me lembro de uma única passagem em que ele defende isso, logo Stalin é por muitos um deserdado do Marxismo.

A última intuição que tive que pode ajudar as pessoas a ter auto-controle… As pessoas não precisam de motivos pra gostar das outras, só intenção basta. Já falei que precisamos retomar o hábito do jogo com as pessoas próximas. Precisamos ter momentos de silêncio junto aos outros também.

Mais duas informações e termino essa joça que já está ficando cansativa. Nunca se esqueçam que o Barroco (que significa uma pérola deformada para os arquitetos), veio depois do estilo gótico, por isso minha preocupação com a preservação dos manuais sobre como as últimas gerações criaram os computadores, se a inteligência artificial puder fazer isso, ordenem que faça, regredir para o processador anterior ao pentium 3 pode ser um desastre sem volta.

Sobre a linguagem… Já perceberam que a pronuncia do inglês entre os norte americanos não é tão diferente da Inglaterra quanto o português do Brasil em relação ao de Portugal? Pois é, em países quentes a fala é de som digamos mais "aberto". Tenham um bom dia, espero que pelo menos essa última informação tenha sido útil pra alguém.

Segunda Introdução: Parte transcrita dos manuscritos elaborados durante a última internação, com intenção de amenizar o que vem em seguida:

Folha 1:

João Evangelista, um dos apóstolos de Jesus, dizia que o homem e a palavra surgiram ao mesmo tempo. Atualmente creio que antes da comunicação que demarca, intercala, combina e interdita tudo o que está ao alcance, havia a linguagem numérica mística, através da qual é determinada uma organização dos instintos entre os animais.

Primeiro eu deveria ter advertido sobre a natureza das verdades duras. Estas costumam assaltar nossos pensamentos quando ficamos muito tempo sem dormir. Este texto foi um dos casos.

A quantidade de caneta e papel dada a mim no sanatório é escassa, e não seria eu capaz de lembrar mais do que o nome de dois capítulos de O Discurso Filosófico da Modernidade de Habermas. Lido há mais de dez anos. Bom, estou no setor dos idosos pelo menos.

Pensamentos duros: é a realidade daqueles que quando estavam a poucos passos de serem capazes de estar no topo, começaram a gelar o sangue, por se lembrarem do quanto a procrastinação era sedutora, e quantos banhos frios foram necessários para compor uma simples dissertação. Há casos em que na metade da dissertação final de uma disciplina, soa um alarme tão forte de stress… Me desculpem, o espaço para escrever é curto. Não é certo que as pessoas não queiram ser nada além de medianas e sem sal. Mas os eleitos para estarem no topo sabem, não se deve esperar a perfeição nem mesmo deles. Muitos alcançam postos elevados omitindo o medo que carregam no espírito. Porque a experiência mostrou a eles que os banhos frios, etc… era somente metade do caminho, e também a etapa mais difícil. Eles sabem que são um pouco (na pior das sortes muito) fingidores e a maior cobrança virá sobre eles em qualquer situação de crise.

Sobre a ação comunicativa de Habermas: este parece ter tido fé que o diálogo era capaz de produzir ação material com organização de prioridades e valor. Nada mais justo. Na realidade Habermas pode ter escrito sem saber a maior exegese sobre o conceito de Justiça.

Sobre a Instituição Imaginária de Castoriadis: entre os primeiros homens e os atuais bastante coisa mudou. Adão observava tudo em volta e era livre pra combinar tudo entre si até que o simples barulho de uma vareta quebrando o trouxesse de volta para a realidade. Poderia haver um tigre por perto. (uma observação adicional, não devo ter mencionado uma meditação em nenhum momento da obra que o Estado surgiu primeiro como polícia para separar brigas. Isso deve ter sido simultâneo aos primeiros métodos de trancar casas, antes disso a paz social era assegurada pelo otimismo dos sonhadores e daqueles capazes de interpretar possíveis sinais da natureza. Aliás, a composição da oração contida no final deste livro foi logo depois de ter visto um louva deus na máquina de lavar. Bom, o surgimento das trancas foi o primeiro desmembramento da função dos sonhadores. A partir de então muitas funções foram aproveitadas pelos governantes, para se enriquecerem por comandar funções de modo imparcial que antes pertenciam aos sonhadores. É inevitável, o Estado sempre vai ter uma justificativa pra parecer importante. E se a população está preocupada com políticas de identidade, eles ganham bem pra fingir que estão mesmo preocupados com isso. Cobremos do Estado que tenha bom faro para detectar problemas e formular soluções baratas e menos custosas e conheceríamos os políticos honestos mesmo que esses tenham soluções que são como remédios, a cura amarga, (mas também metade dos cargos políticos passam a ser inúteis e consequentemente muitas bocas de políticos a menos para alimentar. Agradeço a meu irmão por ter me feito lembrar das meditações). Questionar se existe mesmo uma sociedade preocupada com cada um dos seus membros cinzentos… Primeiro deve-se dizer que o homem atual, ao contrário de Adão, sob as regras do trabalho é o menos livre da História. Por outro lado, o desafio brilhante, em uma sociedade em que as pessoas só julgam a dignidade das outras... O desafio é que pessoas não muito mais do que singelas encante pelo menos um entre todos os entes desconhecidos, e pra isso, a transmutação dos valores pede o julgamento a partir da boa vontade e disposição, confesso que fiquei facinado por uma enfermeira que era a única que chegava com uniforme da higienização e depois ocupava o posto da enfermagem. Ser fascinante em termos de caráter é mais fácil do que obter uma ferrari. Depois do fascinio os indivíduos juntos chegam a ter um lar, uma família... Bom, há mais coisas a serem comparadas. Se um dia Adão se banqueteou com espigas antes do inverno, ele mesmo pagou por isso. Mais de uma vez Eva deve ter montado guarda a noite pelo fato de Adão ter considerado mais importante descansar para recuperar as energias em vez de montar mais armadilhas nos arredores. E a selva em volta a noite sussurrava por todos os lados. Tenho fé de que atualmente hajam preocupadas em nos alertar sobre nossos excessos e a miséria das vítimas. Há algo mais em que a sociedade precisa se intrometer em nossas vidas com tanta urgência? Supondo também que os envenenadores de cebolas seja uma espécie em extinção, e que o agricultor seja o que melhor saiba quando colhe-las com honestidade, precisamos contratar alguém para medir o diâmetro destas ou estaria a sociedade passando dos limites na implicância de estabelecer regras?

Acabei esboçando os principais acontecimentos da história dos sentimentos coletivos e das transformações materiais que os impulsionaram. 1 - As navegações. 2 - A imprensa. 3 - protestantismo (para além da ética, a relação pessoal do indivíduo com Deus). 4 - Resposta a isso: códigos de boas maneiras e civilidade pública. 5-burrice: a nobreza redige seu próprio código sugerindo um fetiche que só os nobres conhecem. 6-surgem os paraísos de férias onde os reis são aliviados do cargo. 7 - de volta das férias os reis passam a desejar ter relações amigáveis com a nobreza para além das relações políticas. Começa a Revolução.

Folha 2:

Sobre o bem e o mal. Certamente, apesar de Nietzsche reconhecer a existência de imbecis, seu foco se pôs sobre a conveniência histórica de modos de comportamento. Houveram alguns momentos bastante esparsos no Ocidente, em que alguém precisou dizer: os tempos mudaram, poderíamos mudar também. Não me lembro, tenho quase certeza que foi Paulo de Tarso quem disse que Jesus era maior que Moisés. Mas no meu caso me pergunto o que teria sido de um Jesus numa sociedade em que no lugar de Moisés tivesse um Zaratustra.

O interessante do cristianismo é que

este sobreviveu por dois mil anos, mas não de forma intacta. Tenho quase certeza que Nietzsche falava que na religião milenar os doutores acabam administrando veneno na própria religião, em si mesma, quanto mais evidente estiver que seria melhor mesmo afastar de si os interpretes de entrelinhas, para que estes tenham autonomia para criar algo mais conveniente, e se sintam mais seguro pra isso. Até o ponto em que os próprios crentes na religião reconheça que não precisa fazer esforços para defendê-la e que estão dispostos a tolerar uma organização que vai além dos princípios de tal religião. Pelo menos nos últimos mil anos houveram mais alternativas de dispersão em relação a fonte original, enquanto no início os acontecimentos da Igreja tendiam a ser no sentido do estabelecimento de uma religião oficial. Recentemente vi na televisão um doutor da lei cristã falando que Deus foi sábio pois até o valor pelo qual Judas entregou Jesus para ser julgado havia sido premeditado para que este comprasse o terreno que serviria para a construção do primeiro templo (sobre o qual se tem uma discussão no livro Atos dos Apóstolos) não estaria o doutor da Igreja defendendo o próprio Judas? Foi isso que pensei na hora. Mas desconfio que não é nenhuma blasfêmia nos tempos atuais supor que Judas tinha fé que Jesus seria absolvido da morte também. E quando Jesus morreu ele reconheceu a justiça da própria morte mesmo que desse na mesma se ele fugisse pra Arábia ou pra Armênia. Reconhecer a justiça da própria morte pode ser nobre. Permitir que a autoridade civil aplique a sentença é mais nobre, porém mais arriscado. Mas melhor é que nunca apareça circunstância para que nossa morte nos pareça justa. Uma das mazelas da materialidade da vida.

Quando pensamos na influência moral do cristianismo, é necessário reconhecer que toda a psicologia subentendida fala da sociedade mais pobre da história, todo discurso e menção de eventos na religião tem que conter algo que leva ao melhoramento da espécie. Mas lembrem-se, a moral do velho oeste colocada em prática em wall street te levaria no mínimo pra prisão em dois minutos. (Mas no velho oeste as mulheres te dariam filhos, pra não falarem que não tenho alternativa, estamos começando a viver na época da moral do grupo de humor Monty Python, não ser visto pode ser o melhor meio de evitar conflitos e conquistar a mãe ou o pai dos seus filhos). Aliás se não me engano eram os mansos que mereciam o reino dos céus no sermão da montanha. Supondo que Jesus não falava do reino dos céus como um mundo imaterial mas como possibilidade futura de um mundo mais sofisticado... O mundo se tornou um lugar de aprendizagem formidável. Mesmo que os mansos não se esforcem para ser eleitos ao cargo mais alto, que já provei ter o fingimento (esqueci de mencionar outro ingrediente, a sorte de encontrar a informação certa onde quer que esteja), ele não vai ter uma mercedes benz (antes que a ferrari pense que faço publicidade contra a marca), mas um pouco de troca de informações curiosas e sabedoria na escavação da internet podem valer mais que um carro bem caro mesmo que ambos se desloquem de metrô. Bom, o importante é ser manso (e esperto). Percebo que muita coisa evoluiu muito no meu modo de pensar. O ABENÇOADO MANESINHO foi escrito, devo confessar, tive recaídas em relação a maconha antes do nascimento da minha sobrinha, e no meu caso, uma vez que minha mãe também já teve episódios de esquizofrenia... O pior é já haviam me dito que pra pessoa normal o efeito era de relaxamento, senso de humor, mas pra mim sei que houve perda de noção do que é a realidade. Devo advertir também que fumar maconha na gravidez pode causar risco a saúde mental da criança. Atualmente ainda tenho ilusões e não ligo. De repente temos filmes ultra-realista sobre possibilidades de um passado distante e de um futuro distante que até parece que a realidade foi toda empilhada em midia pra que eu absorvesse ela por completo a ponto de achar que passado e futuro não

existem, podem ser simulações simultaneas de que existiu um passado e existirá um futuro depois que eu morrer. E sabe quanto stress essa consciência me causa? Eu entendo, pode ser menos do que pra você. Vai tomar um suco. Bom, voltei, não tomei suco, foi água mesmo. Bom, na parte da psicologia implicita do cristianismo confesso que resolvi ampliar o discurso, bom, mais uma noite de insonia, mas eu já tinha pensado nessa ideia antes. Estou tranquilo. Bom, na verdade se você é capaz de encarar esse último raciocínio indigesto como possibilidade e mesmo assim está tranquilo, pode ser que você nunca vai ter a mente adequada para dirigir um carro de novo, o taxi é um carro comprado a prazo por tempo indefinido, as vezes mais barato que um carro de verdade. Mas certamente creio que esse foi o raciocinio mais indigesto. Quando você conseguir pensar nisso sem se perturbar, será capaz de coordenar qualquer grupo de trabalho. Mas não se esqueça que pro cargo de presidente a habilidade mais importante é a criatividade. Todos os outros tem a ver com alocar no cargo certo os que tem competência pras tarefas, reivindicação os funcionários honestos fazem com calma, os imbecis com reclamações. Bom, por que não perguntar se tem outro emprego em vista se começar a incomodar?

Bom, por fim teve a vez em que… tive uma discussão na internet, o interlocutor parecia surdo pros meus argumentos sobre a relatividade do espaço, de fato somos maiores do que prédio para um hamster. O espaço é relativo ao tamanho to aparelho ótico. Pensei que poderia haver variação da velocidade da luz, se a luz se desloca mais lentamente como ponto, e mais rápido como área luminosa. A discussão foi longa, não perdi as paciências, formulei por conta própria uma fórmula de ótica.

Ele disse que além de ter demonstrado o funcionamento de um telescópio os físicos chamavam aquilo de Bosom de Riggs... E eu até pensei na possibilidade de criar um foguete mais potente, baseado na ideia de espelho concavo que não derretem, colocados acima do escapamento do foguete, os escapamentos no ângulo certo pra soltar o fogo de modo que os espelhos concavos sejam refletores para o chão, e quem sabe assim seria otimizada a potencia do foguete. Céus, estou dando a Cesar o que é de Cesar. Ou talvez pérola aos porcos. Acho imbecibilidade pagar tão caro pra ir para um deserto sem cactos e sem lua (Marte), se eles forem eu pelo menos sugeri o meio mais rápido, bom, posso ter demonstrado amor pelos meus inimigos. Vai que eles queiram voltar ao perceberem que não valeu a pena. Eu apostaria num foguete de chumbo encobrindo uma escavadeira enorme pra se instalar dentro de uma montanha em Venus. Bom, é o suficiente pras preliminares, foi tudo pensado com muita calma no asilo pra que não perturbasse ninguém. Mesmo assim levei um sustinho com o peso lendo um mês depois.

Fim dos manuscritos da internação.

Mais uma introdução.

Certo, sobrevivi a mais um dia.

Este texto quase inteiro veio em enxurrada. No fim do livro há o caminho mais longo pelo qual se pode chegar à mesma conclusão. Uma bibliografia longa que pode lentamente levar a mesma conclusão. Quando estive em tratamento e tentei suicídio pela segunda vez, ao falar pra fonoaudióloga que houve uma influência do fato de eu não ter entendido A Vontade de Poder de Nietzsche, e pelo capitulo 666 ter sido longo demais a ponto de desprezar a continuidade da leitura, esse foi o motivo, mas digamos que a informação de que não entendi o livro de Nietzsche causou a seguinte resposta: Jovem, você não precisa saber tudo sobre Nietzsche. Bom, este texto analisa em mais de 50 páginas quase todas as implicações de um texto de 3 páginas do livro Assim falou Zaratustra. O texto em de três páginas do livro de Nietzsche encontra-se neste livro em anexo. De como o homem surgiu como camelo, se tornou leão, e depois criança. A História humana (pelo menos do cidente) pode ser entendida de como a passagem do mundo da necessidade (o camelo), onde se você quer um omelete, espere a galinha botar um ovo. Digamos que más interpretações de tal realidade ou o esquecimento desta, que ainda existe apesar de estar muito bem camuflada, é em relação ao reconhecimento da realidade do trabalho. Digo, é preciso reconhecer que o mundo que vivemos é em grande parte, boa ou ruim, o resultado do trabalho da sociedade em conjunto. Não vale a pena desprezar o trabalho mesmo que pode ser visto como obrigação ou castigo. Se é obrigação é porque pode ser digno de prestígio (e temos muitos exemplos de que a vida é boa com o trabalho alheio. Se parece um castigo, ou a pessoa é cega pro fato de não conhecer nem os procedimentos de fabricação de um simples lápis (que são muitos), ou porque trabalha com o que não gosta, ou que já é tão ofertado ao ponto de o produto final ter um preço demasiado baixo e no fim tem-se o baixo salário para ocupações demasiado cansativas e desgastantes. O mundo da liberdade (o leão) Em progressão desde a era das navegações. A idéia de liberalismo surgiu pela suposição de que o homem poderia ser livre pra procurar emprego assim que surgiu o jornal. Mesmo assim, você quer saber a parte indigesta? Ao explicar pra fisioterapeuta do asilo ela não pareceu escandalizada, mas o conceito de doença e saude. Moda, status, fitness, luxo, são todos critérios aos quais as pessoas se agarraram com força por muito tempo pra perpetuar a espécie. Mas o problema pode ter sido o fato de que... mesmo com auxilio da ciência a liberdade tem os ganchos aos quais as pessoas se agarram. Alguns são exageros, desperdício de investimento, e no fim as pessoas estão esbanjando de coisas produzidas por outras pessoas. Na era da internet eu diria que estamos diante do modo mais democrático de acesso a informação. Pra que precisamos de uma lamburguini ou jóias? Melhor ter uma versão simpática de mim mesmo. E ao mesmo tempo discreto ao me comunicar com as damas. Nunca comprar um carro a prazo indeterminado foi tão barato também, isso é o taxi e o uber.

Nietzsche teve três discipulos, um era amigo de um pesquisador fascinante capaz de convencer sociólogos a serem estúpidos. Uma leitura dinânica a procura do nome Weber pode fazer do texto lá não muito inútil. Bom, Simmel fez um estudo sobre Nietzsche e Schopenhauer. O outro era nazista. Heidegger. O trabalho sobre o sentido do ser, dizem que continha uma provocação. Pra mim a análise de Heidegger é conceitual, como uma gramática da interação do ser com o mundo. Mas duas faltas ao meu ver ele cometeu: não considerou a amplitude e abrangência do modo de ser, alguém deve ter feito isso de modo esparso, mas sempre que um filosofo tem uma lista de classificação do modo de ser, pensar, agir, e até se submeter a um clã, que é o que a astrologia propõe... abre-se um campo de modulação do ser e quanto a educação anterior à descoberta da vocação é preciso que abranja muitas sugestões de modo de ser. Digamos que houve um momento em que a filosofia servia pra trazer coisas urgentes à consciência o mais rápido possível. Na verdade em carta sobre o humanismo Heidegger fala abertamente: o humano é tudo menos igual. Um não tem um dente, outro não sabe amarrar o sapato, outro é sodomita, outro tem belas pernas... O problema é que ele abandonou o problema que tinha uma pergunta e resposta muito fácil. A divisão do trabalho existe pra isso, pro homem que não tenha um dente, com ajuda do dentista que não sabe amarrar o sapato e o enfermeiro sodomita, implante o dente e volte a sorrir. Não tive tempo de analisar a apropriação feliz de Sartre do filosofia humanista e existencialista ao mesmo tempo (vertente de Heidegger). Outro erro de Heidegger foi supor na analítica do ser, que vivemos em função do momento da morte. Nascer pra morrer? Só isso? Mesmo que seja inevitável, quase faz parecer que entre uma coisa e outra não existe nada. Bom, por mim vale a pena viver em função de ter a melhor versão de si mesmo. Depois disso, quando já estiver incapaz de continuar sendo, e recebendo coisas do mundo, que também é entediante. Se preparar para a tempestade derradeira. Li pouco sobre Erich Fromm. Não sei se por ser didático demais ou pouco traumatizado com a guerra foi expulso da Escola de Frankfurt. Há dois livros dele que mostram o reconhecimento da transição do leão para a criança (o ser): O Medo à Liberdade, e Ter ou Ser. Sobre Foucault, o discipulo homossexual de Nietzsche, eu diria que foi excelente como organizador e sistematizador da história da analítica do homem. Dizem que os pensadores importantes são os que mudam nosso modo de agir, os mais importantes levam a sociedades inteiras a mudar de comportamento. Eu diria que confio mais na tese de Weber sobre a política como desmembramento e acoplamento entre instituições. Jô Soares dizia que o computador tem a solução de problemas que nem tinhamos antes. A política sempre encontra um modo de sobreviver. E em geral apoiado numa contabilização do trabalho, e de uma retórica convincente de que certas pessoas devem viver separadas do resto, geralmente por má interpretação das regras sociais, ou do olhar maldoso da sociedade sobre pessoas que estão quietas. Não foi nessas palavras que Foucault disse. Esse texto também contradiz uma ideia de Foucault, ele supôs que um dia entenderíamos livros inteiros em uma página. Esse texto faz o caminho contrário. E minha esperança é que no futuro muitos pequenos textos possam ser ampliados. Houveram Islâmicos que chegaram a dizer, as cifras me falham a memória, mas cada frase do alcorão expõe 20 verdades. Na minha opinião, o alcorão foi o livro mais repetitivo da história, sem nenhuma ofensa aos islâmicos, mas se o livro contém vinte verdades muito bem assimiladas. Bom, talvez Jesus não tenha elaborado vinte parábolas também. A organização do alcorão, que começa com o capítulo maior e termina com o menor, foi um truque genuíno. Uma condução do discurso mais longo ao menor, que mesmo não tendo o menor sido o último a ser proferido, é o que melhor sintetiza o que implicitamente o que Maomé queria dizer. Mas… Certamente isso me faz lembrar que muita informação também desorienta mesmo quando distrai e meu esforço ao longo da escrita da parte teórica dos livros foi expor mais de uma vez as ideias mais importantes sempre que possível me esquecia delas. Mas sim, tenho esperança que no futuro pequenos textos possam ser analisados em toda abrangência das consequencias das ideias em muitas páginas. Bom, Foucault falou do processo inverso, o que também é possível. Mas também o poder tem o lado difícil de manejar, e no fim das contas tem gente que só sabem canalizar fios embaraçados. Isso pra mim parece o trabalho da burocracia e contabilidade. Tem uma questão de justiça sobre o que pode ser considerado prioritário de ser feito e quando duas ruas precisam ser asfaltadas ao mesmo tempo mas só tem material pra uma, geralmente é nesse ponto que a política se torna um trabalho perigoso. Há também a questão da totalidade. Estudada por Lukacs, mas este mesmo reconheceu que a experiência política (ele fez parte da comissão de governo da Hungria) o fez pensar que História e Consciência de Classe estava cheio de imprecisões. Teve caráter estratégico de estimar o potencial dos primeiros escritores socialistas que vieram depois de Marx, mas a cabeça dele estava nas nuvens ao ponto de fazer o leitor se perguntar se totalidade era o governo se intrometer na lei do tamanho da cebola ou ter uma meta de perspectiva ética do marxismo em todos os assuntos humanos, a resposta a questão já foi dada não lembro se antes ou depois deste ponto: encarar até teses ditas imparciais como suporte válido para a aplicação ética do marxismo. Pois dialética se faz na interação entre os opostos, mas não que esta interação seja de um contra o outro necessariamente. Qual a legitimação dos termos? Queiramos ou não, na época de legitimação da solução ao problema dado, que alguns podem dizer que nunca foi problema e que tudo está bem do jeito que está... No tempo de Marx o maior monumento escrito para explicar o problema era a obra mais volumosa. Da primeira vez que li o Capital quase inteiro percebi: nas entrelinhas ele está ensinando um homem que tem um bocado de dinheiro a abrir o próprio negócio, isso parece socialista? Mas foi o trabalho imparcial de Marx também. Dizem os conservadores (e os weberianos) "Eu trabalhei pra conquistar." Eu respondo, eu e o pedreiro também. O único critério que considero justo para a diferença de renda, considerando que todos são esforçados, é o tempo de treinamento. Isso varia entre 7 e 30 e poucos anos. A internet é a mesma para todos em material de instrução... Alguém não poder ser mais que cinco vezes mais ricos que qualquer pessoa que trabalha. Eu nunca consegui dormir menos que doze horas por dia por um mistério do meu metabolismo. Na escola tinha dor de cabeça toda semana por acordar cedo. Dizia um filosofo que o ócio também tem valor criativo. Enfim, não pensem que estou fugindo do tema, só ou principalmente os políticos se sentem motivados a trabalhar na política por um salário maior do que o que eles já recebem administrando os próprios negócios, para eles convém ganhar 20 salários mínimos por isso. Pra não falarem que não sei negociar, estipulem dez vezes mais como teto do salario maximo e já é um grande negócio. Mas, sim, o marxismo tentou se explicar por todos os caminhos possíveis praticamente. Se pensarmos totalidade como ter resposta pra tudo na política, houve uma versão marxista, mas isso dispersou a definição do essencial no marxismo. Poder ser alternativa para qualquer questão política? E... pode haver uma organização com pré-requisito ético com base no marxismo, e se você não toma partido de uma causa, você está do lado do opressor. O defeito da constatação de fatos sem tomar partido... certo, dá pra formular um modo de ser dado. Isso está no marxismo, seria a realidade material inevitável. O problema de Weber é ter capturado o conceito de ideologia, e até dizer: se você quer ser rico, trabalhe e consuma só o necessário. Bom, só acho hipocrisia ser weberiano e não tentar restaurar o protestantismo que se originou em tais valores. Sim, temos mais uma realidade material. A organização política pode se debruçar em qualquer condição material e promover um modo pra que ninguém se sinta injustiçado com a quantidade de trabalho e salário. Se a sociologia que não toma partido produziu ou não mais constatações materiais, vale a pena examinar, e aplicar a responsabilidade ética do marxismo mesmo que esteja certo a constatação imparcial, se não toma partido está do lado do opressor, mas também o que é simplesmente dado atribuído e aceito é material bruto para uma análise ética sobre como lidar com tais questões. Porque a circunstância material constatada, se o autor foi imparcial, ainda assim dá pra ser usada a favor do marxismo. Lembra uma frase de Anarchy in the UK do Sex Pistols. "Eu uso o inimigo" (em proveito do que acredito). Bom, acho que é o suficiente pra uma terceira introdução. O resto do texto... foi o que a fonoaudióloga disse, você não precisa entender tudo que eu penso e digo, até o pensamento é circunstancial e pequeno demais. Eu não ousaria reler eu mesmo porque lembro que foi traumática. Uma carta de argumento de demissão e invalidez? É bem capaz que tenha sido isso, e sobrevivi um dia a mais pra acrescentar uma justificativa.

Depois vem um estudo sobre um filósofo jovem (pag 126). Do começo da era da reforma protestante. Este vale a pena ser lido.

Bom, já disse que o texto é mais um atestado de invalidez quase todo escrito em um único dia que nem pretendo revisar do que um texto filosófico. Se o leitor considerou fascinante o que leu até aqui, recomendo o caminho longo sugerido na bibliografia. Se o Segador de manto negro com a foice enorme lhe disse que resta pouco tempo, espero que tenha uma boa leitura.

O Texto.

Se você foi capaz de capturar as
metamorfoses do homem, no livro Assim
Falou Zaratustra de Nietzsche, como um
processo em andamento da própria História
da possibilidade de manifestação do ser
humano, aberta ponto por ponto, pode ser
que você tenha uma capacidade exemplar de
entender metáforas e raciocínios, mas não
é isso que transforma pessoas em
filósofos. Eu mesmo só me dei conta do
significado das três metamorfoses a
partir da leitura de um comentário sobre
a obra de Nietzsche.

Fazer um curso de Filosofia parece
ser como uma linha reta que mostra os
melhores analistas das questões mais
embaraçosas da existência em cada momento
da História do ser humano no mundo
atribuído, questões que os próprios
filósofos elegeram como sendo as mais
importantes do próprio tempo e condição
humana analisada. Mas fazer um curso de
Filosofia não nos torna filósofos.

Se o curso de filosofia sugere os
caminhos eleitos como relevantes, ou
seja, os temas de embasamento analítico
do mundo simplesmente dado, inserido no
jogo das esferas que tanto causa embaraço
nos estudiosos da física quântica ainda
hoje e eu mesmo não saber expôr outra
explicação para ser assim senão pelo fato
de ser simplesmente mais fácil a
materialização do mundo a partir do
sistema orbital… por si só o curso de
filosofia pode gerar bons intérpretes e

pessoas capazes de demonstrar a conveniência de cada filosofia ao tempo que foi escrita. Não se fala em evolução de uma obra filosófica em relação a outra. A consciência mais ajustável ao questionamento das coisas silenciosas de cada momento da História acaba sendo eleita como a mais conveniente, e os juízes não costumam ser tão inteligentes quanto os filósofos, pelo menos enquanto o tempo não pedir por uma nova filosofia a partir de outro ponto silencioso de inquietação da realidade em relação ao que se espera do homem.

Deste ponto podemos deduzir alguns segredos dos filósofos bem sucedidos, assim como da própria filosofia, que não meramente repetiam e educavam outros candidatos ao cargo de educar a sociedade a partir dos temas dados historicamente a cada um dos filósofos.

Creio que entendo o que Nietzsche quis dizer, quando mencionou que a filosofia é a má consciência do próprio tempo. Primeiramente porque os juízes são incapazes de expôr de melhor maneira do que a fonte original o que está tem a dizer e mesmo quando os comentários de um autor a respeito de outro são mais volumosos do que a fonte original, há dois nomes pra tal desperdício de tinta: bajulação ou pedantismo. Que eu me lembre o melhor exemplo disso foi o próprio Heidegger em relação a Nietzsche, mas creio que pode ter sido assim que este filósofo imprescindível, inquietante e provocador, adquiriu seu lugar eterno na História da Filosofia, como um provocador no plano da analítica do sentido do ser, já que este é o ponto final das metamorfoses do homem, e deste modo não podemos deixar Heidegger de fora do panteão da filosofia. As duas principais escolas filosóficas do século XX o tomaram praticamente como ponto de partida pra uma interpretação livre do que é um homem, num período em que a totalidade das representações tinha sido dado como sugestão por Lukacs, que se não tivesse que criticar Heidegger acabaria se tornando a principal fonte de orientação de estudos da Escola de Frankfurt. Mas o estruturalismo também estava focado na totalidade apesar de o engajamento político em que a questão da totalidade e liberdade de abordagens ter acolhido pensadores não muito preocupados com questões como a dignidade humana e a responsabilidade política do discurso, sem a qual o discurso sobre o ser se torna mera descrição. Por outro lado, a filosofia sempre foi sugestão de engajamento. E pode-se dizer que houveram tropeços na filosofia da século XX até mesmo porque tempos sombrios e que todos falam ao mesmo tempo, de certo modo Nietzsche já previa o fracasso do pensamento de tal tempo com a ideia do niilismo que poucos a não ser os jovens da segunda metade do século XX parecem ter entendido: melhor não dar a ninguém o título de portador do dogma que fará toda a diferença. Neste ponto os nazistas falharam, mas Nietzsche não esteve sozinho na formação do que se chamou de cultura alemã. Pode ter sido a cereja do bolo do nazismo, mas além de ter sido mal entendido, muitos outros pensadores são exaltados como formadores da cultura alemã digna de orgulho pelos nazistas, no livro de Rosenberg, O Mito do Século XX. Além de se apropriarem de uma ideia de evolução em direção a um super homem biologicamente sem mancha, coisa que Nietzsche não defendeu, e sim um homem de caráter imperturbável, mas que a teoria da evolução dava aentender como plausível, ou seja, o melhoramento da espécie... Heidegger pode ter sido o discípulo fanático de Nietzsche, furioso por não ter encontrado em seu mestre sugestões claras sobre a transformação do homem em ser, a não ser sugestões sobre como bem aproveitar a vida. Essa parte do livro pretendo tratar com o máximo de imparcialidade, mas sim, é uma parte importante da história das três metamorfoses. Poucos filósofos tiveram a honra de ter defensores fanáticos. Marx com certeza teve mais interpretes fanáticos do que Nietzsche, e se visse o mundo que Nietzsche viu estar prestes a se descortinar no século XX, a sugestão que Marx poderia ter dado para tal época poderia ter sido: apresentem-se ao mundo com o discurso da responsabilidade política, hoje mesmo a internet me deu uma sugestão do que há de mais belo em Marx sobre isso, a frase que o torna imprescindível para a formação de qualquer político: "De cada um de acordo com suas habilidades, para cada um de acordo com suas necessidades." Logo voltarei a falar de Marx, pois há ainda mais o que dizer sobre o nazismo apesar de em outro livro eu ter exposto a mesma ideia. Uma única vez Zaratustra defendeu a guerra, não me lembro de Nietzsche ter se manifestado em defesa da guerra em qualquer outro texto, e isso gerou a pior das guerras já vividas. Apesar das fotografias Nietzsche também dizia se considerar um sujeito calmo e compreensivo, o impetuosismo de Hitler pode ter sido o melhor modo de representar a si mesmo mas Nietzsche e Hitler foram personagens históricos para pessoas capazes de ser duras, Nietzsche fez essa recomendação porque no século que terminaria com uma população beirando os sete bilhões não é difícil que um sujeito mediano se afogue. Hitler por sua vez, a custa também da exploração extrema do trabalho dos judeus, salvou a Alemanha de uma crise econômica sem precedentes na História. Há muito tempo não pego para ler os livros de Nietzsche pós Zaratustra, o que sei sobre o bem e o mal é que estar além destes não é mero ato de rebeldia ancorado a falsa ideia de Niilismo de que a vida existe independente se gostamos desta ou não. Estar além do bem e do mal significa reconhecer a conveniência de certos modos de agir que convém no tempo vivido. Dizem que o ato da compreensão equivale a tudo perdoar. É difícil para mim perdoar

Hitler, principalmente em relação ao método de aplicação da morte lenta aos judeus, a guerra foi longe demais, mas não podemos chamar o rei Davi de genocida também? Se um país incomoda o cenário mundial com grocerias e tensão belicosa desnecessária, faz um telefonema pro presidente do Brasil, no terceiro mundo ideologia nunca foi empecilho pra marcar um cafézinho na cantina depois de assistir uma palestra em português na Universidade da Capital do Brasil, quem sabe depois do almoço vegetariano no refeitório da Universidade (eu provei e aprovo, paguei o que deveria ser equivalente a 1 dolar e aprovo). O problema é que Brasília não tem saída pro mar, mas levar metade da população carcerária pra uma excursão na fronteira com o país da revolução bolchevique e abrir o compartimento com as armas e depois cair fora, não há nada de anti-ético, e o presidiário que roubou um xampu na farmacia obviamente seria poupado e agradeceria por terem libertado os presos que deixavam a cela apertada. Certo, acabei esquecendo que realidade política se for piada é bem triste. Estava planejando escrever mais sobre as implicações da sociedade ter dado uma chance pro homem escolher o próprio modo de vida, porque é isso que o mundo medieval impedia, a corrente era fixa de tal modo que tudo acabava por ser organizado pela sobrevivência da sociedade, lembro de ter citado o exemplo de que os organizadores da sociedade tinham que se esforçar quando o machado do camponês quebrava pra produzir um novo antes do inverno, quando o camponês precisasse cortar lenha, o coletor de impostos anotava o pedido, talvez nem precisassem conversar sobre preço. As amarras dos homens ao trabalho e o pouco que ia além que tornava a vida suportável, sempre me esqueço o que deveria ser tão automático quanto direita e esquerda em solidariedade orgânica deve ser a sociedade da divisão do trabalho e do direito à ter responsabilidade para escolher o que fazer da vida, para algumas pessoas pode ser uma responsabilidade pesada. Um dia ao sair de uma festa de colegas da faculdade com direito a video de sodomia (nunca aprovei as pessoas que tentam fazer filhos pelo orificio anal), pouca conversa, um pouco ansioso pra chegar em casa e ver se o download de um disco do Richard Hell na internet discada que acabei contratando por problemas sérios de organização, enfim, se o download não tinha falhado, não falhou mas lembro que quando saí de casa o computador mostrava que faltava 5 horas pra concluir o download... ouvi uma voz no meu cérebro dizendo: Ricardo, você é o messias. Pensei: e eu lá sou de dar atenção prum pensamento aleatório que pode vir a mente de qualquer manesinho...

Talvez isso se chame vocação e aconteça com todos. Vocação é a responsabilidade que suportaríamos carregar com segurança pelo maior tempo possível e até encontrar meios de sobreviver e procriar. A solidariedade mecânica em que as pessoas formam uma corrente de obrigações mútuas.funciona sem muita discussão. Quando o protestantismo interveio sugerindo a possibilidade de prosperar a mudança social que surtiu como efeito desequilibrou o funcionamento tão preciso quanto o Big Ben, o famoso relógio inglês, das relações mútuas de obrigação entre as pessoas gerando uma classe intermediária entre o camponês e o nobre, que quanto mais se dependia dele mais difícil era organizar a organização de lealdade. Toda decisão acarreta um risco, pois poderíamos ter escolhido coisa melhor. Descobri no primeiro ano de faculdade que ter alguém inteligente te acompanhando no supermercado pode te dar um suporte de segurança sobre o que você compra, ele pode sugerir: sabe, esses sabonetes que eliminam 99% das bactérias, melhor levar um em cada 4, não é tão saudável ser 100% limpo todos os dias. Um comentário do tipo: pensei em comprar uma tesoura de unha, mas se você tiver uma nois só passa um alquinho... 2 cabeças pensam melhor do que uma, continuamos dependendo da sociedade, a embalagem de macarrão vem muito e o jeito que a faculdade cansa você sabe o que pode acontecer, melhor deixar tudo cozinhando, bota o molho com oleo na frigideira e a medida do molho tá certo com todo o pacote de macarrão, na hora que ce quiser ce come também, a gente divide uma garrafa de vinho assistindo o Spike

Milligan, você, meu colega de faculdade sabe a piada que eu mais gosto deles, a gente cai na gargalhada se beija, vamos pra cama, desculpa, o espírito do Foucault baixou pra me assegurar que quando não há sociedade pra te ajudar a escolher as ideias te escolhem, sabe, eu estava na página 50 de outro livro quando pensei: tem 40 livros, não dá pra resenhar tudo em um ano, a psicologa achou o outro projeto divertido... Sim , este projeto, primeiro era pra fazer uma provocação social sobre o alienista de Machado de Assis, escrevi 30 paginas romanceadas, e quando percebi que a esquizoanálise de Deleuze era uma provocação desrespeitosa demais pra psicologos que nem superaram as mandalas coloridas de Jung como influenciadores de mecanismos psiquicos... Alguém poderia questionar a invenção do normal e patológico, o louco e o equilibrado emocionalmente, o saudável e o junky, o fitness, e a pior de todas, Status, que determina os critérios da aparência que classifica o grau de autoridade que a pessoa pode exercer, que exclui do circulo de relacionamentos os gagos, mudos, estigmatizados, da esfera do poder, há pessoas que se sentem bem pelo fato do outro ser pior, mesmo que este seja esforçado pra melhorar de vida, e torcem pela derrota deste, até a busca da arte capaz de agradar as pessoas independente do que ela viu de arte nas últimas décadas, são critérios na busca pelo ser, que o sujeito abandonado à própria sorte do mundo das escolhas se agarra para não sucumbir (e perpetuar à espécie), há também aqueles que no outro lado do status recorrem a recursos que repelem os diferentes pelo que possuem de diferencial: pintar o cabelo, ter tatuagem, piercing, outro recurso contra o sujeito mediano, calmo e humilde por não se alistar contra a autoridade com os recursos que possuem (e não precisam ser caros), mas a sociedade não existe pra combatermos uns aos outros, e sim para partilhar os recursos que garantem a sobrevivência de todos os que trabalham. No grupo dos excêntricos todos são tratados como iguais independente do estigma. São aqueles que o escritor de Clube da Luta aos poucos explicitou defender. São capazes de produzir o que a classe dos controladores chama de luxo, o problema é que eles mesmos e muito menos os que são colocados na linha de montagem, os mais explorados não vêem sentido no trabalho dos controladores, que se as pessoas são nos fim das contas colocadas pra produzir o máximo possível, de que serve a contabilização e pior ainda, os altos salários daqueles que dão embasamento ao valor do que é ofertado? Por que não participam da produção igual a todos os outros e não estabelecem o exagero como valor pessoal a ser podado em si mesmos? E que reconheçam o exército dos excentricos que se isso acontecer não serão os excentricos que irão usufruir do excedente produzido, a não ser que sejam realmente pobres a ponto de não ter sequer um violão em casa. Durkheim foi marxista o suficiente nesse ponto, não procure amigos na igreja, procure no lugar de trabalho, a ideia de sindicato e centro comunitário de cursos de crochê... são lugares que preenchem nossa necessidade de convívio, e parâmetros, e sugestões de boa saúde. Vivemos melhor quando trocamos receitas de legumes com tempero indiano e batata palha, porque isso preenche a necessidade de parâmetros de saúde. Quando estamos loucos corremos o risco de ter uma overdose de café por pensar ter sido genial encher uma garrafa pet com água, 2 colheres de sopa de café pra economizar o processo lento de coar. É inevitável também querermos passar imagem de pessoa responsável entre parentes que vemos uma vez por ano. Quando eles param de visitar todo mês você desconfia ter agido de modo inconveniente, ou que no fundo você e seu irmão são as versões bem sucedidas mostrando o tempo todo pra eles que somos os filhos do irmão de quem não se esperava nada enquanto os deles que foram planejados pra ser diplomatas se tornaram burocratas de nível médio, uma filha programada pro nível mais alto escreveu um livro infantil sobre folclore pra crianças e isso te deixou feliz na época, e eu não disse um parabéns e agora a amazon me força a vender meus livros, que, apesar da maior liberdade que tenho pra fazer citações longas de outros livros me obrigam a vender meus livros por preço acima da média... E você tem tios que no máximo leram só a biblia a vida inteira que jamais pagariam 350 reais por mil páginas… E pra piorar tem psicólogo que acha que insonia é doença, mas já faz tanto tempo que só encontro tranquilidade pra escrever, e sei que é bem capaz que Zé, meu pai diga pro psicologo que eu só tomo remédio quando eu quero quando minha disciplina diz: 1 na hora de acordar, o resto na hora de dormir, mesmo que eu só termine de fluir na escrita às duas da tarde. Lembre-se da tabela de nutrientes dos alimentos da escola? Pra vida pode ter sido a única aula que pode ter útilidade decorar da escola, ou você acha que eu lembro de alguma (como chama mesmo? Figura de linguagem) Ah lembrei uma: pedi um número 2 no Mc. Sinédoque? Fui pesquisar mas não faz a menor diferença se é o Mc Chicken ou ou Big Cheddar. Divertido? O número pelo lanche, a melhor saída pra pessoas anti sociais que não querem tratar o funcionário como ser humano? Porque ele simplesmente não pode comer tantas vezes quanto você naquele lugar que foi projetado pra você comer o mais rápido possível e por isso se chama fast food. Na verdade ele não gosta do que faz, e ela trabalha lá pra pagar a faculdade em vez de vender o corpo que… céus, é triste, ela não foi saudável, pra ela é mais lucrativo vender big mac do que o próprio corpo. Eles não querem que você chegue todos os dias dizendo: aí irmãozinho, me vê um daquele bem grandão tá ligado? Ele não gosta dessa abordagem quando chega ao ponto de sua fisionomia chegar a ser lembrada de tanto que você vai naquele lugar que a etiqueta que também diz ora, é o tipo de coisa que a gente come de vez em quando… O tio da lanchonete padrão que não se preocupa se põe muito milho no completão a ponto de não ser tão saboroso quanto o lanche da linha de montagem fast food… Ninguém vai ser honesto com ele falando que o hamburger dele até parece estar meio cozido pelo tanto de água que escorre além do excesso de milho, e na era do bom gosto ele vai ser o primeiro a falir. Afinal com quem estamos sendo honestos? Ou já nem sabemos se vale a pena nem a ocasião e o modo mais pacífico de fazer uma crítica construtiva? Mesmo assim, se seus pais não venderam suas apostilas prum sebo, vai lá ver se a tabela dos nutrientes ainda está sendo respeitada. Mesmo que você não faça ideia se estão usando agrotóxico. Uma vez percebi que um cavalo tinha deixado um rastro enorme nos meus 5 pés de feijão plantados numa caixa de plástico enorme. Se você não estiver atento eles estão passando pra você que não entende nada de agricultura o método mais fácil de desperdiçar fertilizante. E ninguém no mercado vai saber te dizer, e até se incomodarão se você perguntar quanto de esterco você tem que por ma planta, e estaremos encrencados quando ninguém perceber que o cavalo pastou uns 3 dias só pelos seus cinco pés de feijão. Anomia, é a situação em que rezamos pra ser amigos de um sábio que nos ensine onde procurar emprego, quantos bifes não nos levariam a ganhar peso, tivesse meia hora pra dizer onde é o melhor lugar pra ter um vaso dentro de casa, como manter as plantas vivas, que pasta de dente usar quando começar a sentir dor quando beber algo gelado, que te recomende a comer duas azeitonas seja quando a pressão sanguinea tiver alta ou baixa. A azeitona serve pros dois casos mas já nem sei o sintoma de pressão baixa. Imagine depender do jornal impresso pra saber esse tipo de coisa. Não se preocupe, tudo isso é muito exagerado, sei que estou dando chilique por estar escrevendo desde as 11 da noite e agora são 3 da tarde e... dizem os psicologos que aquilo que parece mais misterioso pra nós acaba sendo nossa vocação, é uma pena ter descoberto que depois da história do comportamento humano diante da natureza silenciosa os maiores mistérios do conhecimento pra mim estão relacionados a química. Eu avisei ela que só disse que a amava porque um livro judeu disse que era recomendado aos homens frugais disciplinados procurar esposa na casa dos próprios pais. Mesmo assim, minha prima se sentiu constrangida. Mas o que ela estudou sobre constrangimento? Será que nunca vou poder pedir desculpa pessoalmente? Prefiro a interpretação de que os profetas são melhor entendidos longe de casa. A psicologa não mora tão longe. Nunca a vi pessoalmente, elas acham meu caso interessante, e que vale a pena me dar motivação. Cada vez que alguém diz que eu sou digno de ter fé, eu me esforço pra mostrar os frutos como resultado do voto de confiança de tais pessoas. No fim são as únicas por quem vale a pena continuar vivendo. O tom grave da voz e os musculos que faziam parecer que eu falava com uma fatia de pão de forma dentro da boca, eu sei, muitos acharam que era por demência de pessoas com QI baixo. Mas de que adianta ter um QI alto pra não perder a conta de quantas ovelhas saíram para o pasto? Muito do conhecimento tem a ver com interesse de continuar descobrindo coisas, ter tido uma trajetória fora do padrão, boa memória também tem valor. Eu tinha 16 anos quando votamos contra a posse de armas. O presidente anterior sugeriu a quebra do pacto. A mim ele não teria enganado nem daqui 100 anos. Sou escritor, posso suportar acordar todos os dias pensando na responsabilidade de não decepcionar ninguém, se isso é a mesma coisa que ser messias devem haver muitos por aí. A internet é uma estrada, em vez de carona as pessoas pedem atalhos, tento não perder a oportunidade de avisar motoristas desavisados, a internet as vezes nos faz esquecer que estão sendo vistos por milhões. Pra mim parece tentar me tranquilizar com a possibilidade de não estar sendo visto por ninguém. Liberdade, pode parecer bonito num discurso sobre como educamos nossos filhos, Zé me deixou ser livre, e minha coragem se não estivesse atrelada à sorte... não tem jeito, os psicanalistas dizem que quando temos preguiça de fazer o número 2, e não estou falando do lanche da fast food, pelo menos não antes de ter passado pelo sistema digestivo, a vida começa a desandar, precisamos estar atentos ao que podemos oferecer pras pessoas que elas seriam capazes de trocar por dinheiro. Dizem que dinheiro e fezes tem analogia de significado. Pelo menos meus pais nunca cobraram que eu ganhasse, é a dose de liberdade que ganhamos por ter feito algum trabalho. Pra quem ganhou mesada dos pais suficiente pra dar dois rolês por mês é difícil lembrar que Zé trabalhou pra que eu fosse livre pra submeter outra pessoa a trabalhar pra satisfazer minha necessidade. Liberdade, algo que pode ser usado em doses, e adoraríamos encontrar por um preço tão baixo sentimentos tão bons. Liberdade, mãe dos vícios? Mas o que são vícios? A distância mais curta entre a terra e o céu pra quem não enxerga o paraíso na terra? Quando acordamos do prazer do vício, solitários depois de confiarmos nosso prazer à uma substância química, retornamos ao mundo que tinha tudo pra parecer uma benção, e o vemos como o inferno. O inferno está cheio de cães, depois que você descobre que são de uma raça agressiva. Se ninguém te dissesse que eles tem tendências agressivas ele não sentiria o seu medo pelo olfato. Quando você sente medo diante de um cão, ele sabe pelo cheiro. Uma vez na vida precisamos estar diante das pessoas como se ambos fossemos a demonstração mais honesta de sermos frágeis pelo simples fato de estarmos vivos. Sorrimos reciprocamente, e sabemos que a tentativa de parecer pacíficos é o que há de mais falso sobre o que sentimos. Medo. Não nos conhecemos. Ele sabe e não se preocupa. Ele é frágil. Não chegamos a nos perguntar quem venceria num combate corpo a corpo. O importante é que se eu voltar lá muitos anos depois preferia que ele não esteja lá. Um encontro sóbrio com alguém que expusemos nossa fragilidade por telepatia. O que mais eu sabia sobre ele? Ele descobriu como fazer dragões coloridos feitos de arame, eu seria capaz de tentar salva-lo do ataque de um leão, mas a parte de termos nos sentido frágil um diante do outro, sorrindo com empatia, preferia esquecer que chegamos a esse ponto. E que o silêncio da nossa tensão foi a interação mais honesta que tivemos, se quiser experimentar vai em frente pensamentos tensos, empatia sem palavras. Sabemos que estamos tensos e nem por isso estamos tentando esfolar um ao outro. Se isso lhe soa honesto ou não, quando os bons momentos solitários de apreciação melancolica de boa música passa os anos seguintes só nos faz lembrar da tensão. Do sonho que tive que defecava um facão ensanguentado, duas caveiras e o feto de um alien (o que parece uma lagosta gigante) do tamanho de um chaveiro. Ter medo de sonho é manha, a realidade é muito mais excitante e arriscada. Sonhar acordado faz bem. Se divertir colocando o corpo em risco... guarde seu corpo pra uma guerra de verdade. Ser morto de surpresa perdendo os sentidos de um segundo pro outro é a melhor sorte que a guerra pode nos oferecer. Emoções? Drama? Você acha que alguém se importa quando está no mundo pra ver e ouvir e não impedir que suas emoções te impeçam de aproveitar o que ocupa seu tempo de modo bom, belo, criativo, macio. nu. Consentido. Não sou homossexual. A vontade de prazer contradiz a da minha mente. O que? Depois de sentir que meus oito anos de idade aconteceram há 800 anos? Meu corpo não quer gerar um novo ser, no sentido de um corpo novo em folha para que eu molde negando completamente o modo que José me moldou. Porque josé nunca me disse nada sem que eu perguntasse. Seu único conselho me foi útil. Se um dia te tirarem tudo, esconda as suas vergonhas e volte correndo pra casa. Enquanto isso não acontecer não há nada verdadeiramente preocupante. Assustador? Até me lembra uma frase da reinvenção do Ditirambo dionisiaco. The End, The Doors. Você consegue imaginar quão sem limites e livre seria estar desesperadamente necessitado da ajuda de um estranho numa terra desilada? (Zaratustra pode ter tido razão, o homem de bem é o principio do fim) Pro homem livre, cuja única fonte de autoridade lhe apresentou à vida como uma folha em branco em que eu deveria me deparar por conta própria com o que é inevitável. Crescendo e preenchendo o velho quadro em branco, em que momento eu seria capaz de negar o homem que permitiu que eu vivesse num mundo abstrato, no qual o que importa é chegar em casa com o corpo sem nenhum pedaço faltando. Tudo que aprendi foi em função de defender meu corpo pode ter sido porque o mundo fora de casa dava sinais bem graves de turbulência. O tempo é capaz de aliviar isso. Mudar o mundo ẃ tão fácil quanto procurar um emprego que produz o util ao agradável, e não esperar obter mais do que isso das pessoas em volta. O problema é que todos precisam fazer isso ao mesmo tempo. De que vale a verdade se em defesa dela posso colocar em risco meu corpo. Mas é a verdade ou o corpo a melhor das dádivas da vida em si? O corpo não dura pra sempre. Melhor aproveitá-lo rápido. A verdade é muito espaço vazio e escuro com pontos de luz, mas mais espaço vazio. Giramos em torno de um desses pontos de luz, que na verdade é só um no meio de bilhoes, formanda uma galáxia, que é só uma em bilhões. Num lugar bem menor que o ponto de luz mais próximo está o centro de um objeto estranho que se move. Também conhecido como homem. É preciso do trabalho de milhões e da ideia de só um, para que um novo ponto de luz seja colocado no céu, em vez de eliminar bilhões de pares de olhos, felizes porque todo o esforço conjunto de humanos foi capaz de colocar mais um ponto de luz no céu. Pode ser que eu não tenha sido a única pessoa que sugeriu a Nasa a usar tidas as bombas atômicas pra que um planeta gasoso do sistema solar passasse a emitir luz. Se a verdade é eterna é porque um único homem Descobriu como criar um novo ponto de luz no céu, que continuará aceso quem sabe depois que o núcleo de diamante do sol já não tiver combustível pra manter a rotina de irradiar luz. Melhor parar por aqui me perturba a possibilidade de não sermos únicos no universo. Como se não bastasse ser tão pequenos outros homens poderiam nos ver de qualquer lugar onde existem homens? Gosto da ideia de que temos uma única humanidade a defender, mesmo que quando deixados livres os humanos são desorientados demais. Se você acha que encontrou alguma verdade nesse texto, passe adiante, não precisa defendê-la prefiro que você defenda seu corpo. O outro também tem um corpo manifesto. Que sugere ter uma verdade dentro de si. A verdade do outro é a sucessão insondável de vontades que fluem em seu corpo. Toda a fala do outro sugere através do efeito que ele também tem dentro de si uma verdade sondável parcialmente através do que a fala manifesta. Os efeitos de vontade e satisfação do outro tem sequencias aleatórias. Peso ou leveza pedem soluções diferentes. Mas isso não impede que o outro ascene. Todo asceno é um pedido de auxílio. A leveza quer prolongamento da vida. O peso pede atalhos para o fim da vida. Uma ou outra verdade o corpo carrega, a verdade se expõe como pedido de atenção à vontade. O dinheiro é a liberdade que damos ao outro de escolher como ser socorrido sem que precisemos saber. Se o espírito do outro implora pelo fim ou pelo prolongamento, de você ele só pede o auxílio que, para além de sua verdade, ele pede liberdade para satisfazer o corpo como quiser. Nunca nos dopamos juntos. A vontade do meu corpo é dormir. A da minha mente a meta é alcançar o efeito, e agora sei que muitos podem ter lido isso. Há olhos por toda parte. Muitos nem pagaram pra ver minha mente desesperada por causa da fragilidade do meu corpo. Dor no peito. Melhor não insistir em fazer a mente descrever a descrever o inferno. Não sei se estivesse diante da platéia de woodstock eu estaria tão nervoso. Mas ter coragem de discursar para um jardim sem se preocupar com os vizinhos não me fez tremer. Entendo por que a maioria dos shows foram curtos. Já não tenho corpo de jovem pra vacilar no controle da emoção. Se todos tivessem assistido trabalhando por 17 horas seguidas… diz o mostrador no canto da tela que já foram 32 páginas, quase duas por hora… Acho que nunca escrevi tanto. A vontade nos incita a procurar algo mais. É a natureza da vontade querer, e não sentir-se suficiente. Acho que muitos diante de tal honestidade de reconhecer a fragilidade da própria vida adorariam ser capazes de suportar a mina de ouro na Sibéria, com água gelada até a cintura. Minha liberdade não quer ser medida em ouro, mas sim em paz e tranquilidade para quem está em volta. Meu amor quer privacidade e desembaraço com todos que sabem demonstrar que até acessos de fúria e declaração de desconfiança pros que convivem com a mesma pessoa são tão passageiros como se eu me lembrasse como escritor de tudo que já deixei registrado. Só sei que confiei ser adequado. Meu amor quer aprender a pedir perdão, a confessar que meu coração só confia em quem é capaz de me socorrer com mais doses de fezes. Pois o dinheiro é o adubo. Prefiro que as pessoas experimentem meu inferno falsificado, meu amor quer ser doentio e aprisionar, quer que você continue atento da primeira linha que escrevi até que você não aguente e adormeça. Se dissesse que em vez da esperança a vontade é a última a morrer você se assustaria? Vontade além de ser a ultima que morre é o conceito mais inesgotável que existe. Quando a vontade broxa a sinceridade é a primeira a vir pra apaziguar o falador inocente. Falar é um pedido de auxilio. O ser não gosta do que o excesso da vontade o faz falar. Quando convocado a falar o sujeito manifesta com retidão o que poderia adiar ser dito. A fala do outro é também um asceno de emergência. A familiaridade entre emergência e emergir não é por acaso. Emergir é subir das profundezas da água tampando a respiração até a superficie e ter uma longa tragada de ar puro. A persistência e constância da fala é um modo de assegurar-se de que alguém faria o possível para te socorrer se um dia o silêncio sinalizar a possibilidade de ausência. O silencio é o que deixa mais exposto nossa fragilidade. Isso é o máximo que o silêncio pode nos falar?

Sim, porque o silêncio incomodo do outro tem motivos que só o outro sabe, e a necessidade de assinalar a constância persiste no ser. Não quero que você morra por causa do meu amor. Quero que você veja na prisão do meu discurso que na verdade todo esse inferno da captura, dominação, são os desabafos do meu cerebro contra a vontade do meu corpo, que prefere ter algo delicado nas próprias mãos, e quando seu cansaço desistir da curiosidade, por algo que só é sério na forma de discurso. Se você já não está na linha me vendo apertar uma tecla atrás da outra. Não se assuste, eu estava esperando pelo pôr do sol. Raramente estou acordado para vê-lo, vá ver o pôr do sol. Não estarei espiando o momento em que você se encontra consigo mesma ao seu próprio modo. Ninguém precisa saber o que você faz quando está sozinha. Eu sorrio e olho em volta, faço careta, não chego a bater palmas como se a liberdade de estar a só comigo fosse um brinquedo. Mesmo a liberdade solitária tem pudores, sabe que rolar no chão e bater palmas é a recompensa de quando sinto que nossa paz é reciproca e não estamos presos a responsabilidade de pelo menos te dizer bom dia assim que imagino que tempo suficiente se passou pra que você recupere as energias com um singelo bom dia, as vezes falo do trabalho, acho que é meu próprio jeito de dizer que ainda estou consciente de estar vivo. O sol está se pondo, prefiro que você leia o fim desse desabafo quando eu estiver dormindo. Eu vivo pra não decepcionar umas quatro pessoas que já confessaram que os musculos defeituosos que me fazem falar são capazes de convencer qualquer pessoa que sou débil, no mínimo que o modo desajeitado da minha fala não combina com o tanto de coisas que tenho a dizer. Por aqui termino com uma dúvida que me sinto constrangido de confessar. Há muito tempo não falo com as únicas pessoas que confessaram acreditar no meu potencial de me dar bem na vida mesmo que não tenha voz que combine com um discurso em público qualquer pessoa com minha voz preferiria não ter que passar por isso. Por quanto tempo eu suportaria sua falta de reação ao meu sincero desejo de renovar sua energia diária? A vontade é insistência por si própria mesmo sendo o efeito imediato da liberdade. Será que você se perturbaria por minha intenção de dividir minha paz com você? A intenção é a mais apressada em ser honesta, não pela total ausência de vontade, mas pra podar a aparência de excesso desta. Este era o pensamento abissal. O sol continua minguando no horizonte. As crianças ainda estão de férias. Lembrei de mais um livro do Erich From que pretendo ler. Ricardo pare de pensar em trabalho. Calma. Tudo que escrevi hoje foi pra experimentar um pouco do seu tédio por eu ter te passado um livro longo em inglês que contém a interpretação técnica da ansiedade social. Zaratustra, diz a lenda que ele fugia das mulheres, quanto a mim, não só fujo, mas elas precisam trabalhar pra me conquistar. As teclas ficam em silêncio por um minuto. Nos primeiros segundos não saber como continuar é embaraçoso pra mim. Calma moça, num posso nem aliviar minha bexiga depois de um parágrafo exaustivo? Sei que você acha meu caso digno de fé. Minha fé é de que você venha pra que compartilhemos a paz a dois, se o dinheiro perimitir, um dia, a três, quatro, cinco, até que o dinheiro nos convença que é mais seguro não abusar do seu coração de mãe. Meu primeiro diagnostico foi inibição. Se te sugeri o livro era pra você me entender melhor. O parágrafo seguinte foi escrito ontem a noite, tive preguiça de procurar onde seria mais adequado falar sobre a vontade longamente mas minha intenção disse, tanto faz. Perguntei a minha intenção: pode até começar na página 6? minha intenção disse: você sabe o que esse número causa nas pessoas quando repetido três vezes. Minha vontade diz: nem percebi esse detalhe. Sou só um escritor qualquer vendo a fase paradisiaca dos sonhadores do século XX, os sonhos datados de artifícios difíceis de descrever devido a função, complexidade, implicações. Certo, encaixe o que você escreveu sobre o século XXI e você terá a introdução mais longa da sua vida. Minha intenção aprovou. Posso transcrever o texto de Nietzsche sobre as 3 metamorfoses no livro sobre Zaratustra? Certamente não foi minha vontade que respondeu: Tu deves. (Há traduções do livro de Zaratustra que ao leão, quando é colocado o imperativo diante deste a frase: "Tu deves." ele responde: "Eu quero"".)

Se foi por sugestão a serem esforçados ou por mero efeito de uma população mundial elevada, no século XX os estudiosos dos assuntos humanos aprenderam algumas estratégias sobre como não se afogar: primeiro, sugerir problemas junto com a terapêutica, esse tema é a base das partes deste livro que trata do nascimento da sociologia e da psiquiatria. A outra estratégia preferi não abordar porque simplesmente não traz contribuição nenhuma ao assunto tratado neste livro, evidentemente a estratégia é resultado das considerações metodológicas nietzschianas junto com uma ideia implícita no conceito de niilismo, ao mesmo tempo que temos a sugestão de que qualquer dogma seria melhor, para a humanidade, que fosse visto como suspeito por serem manuseados por aqueles que não tiveram a honra de serem os primeiros a se pronunciar sobre as coisas e com isso não conhecerem as nuances mais sutis, previsíveis aos olhos dos que perceberam as etapas da tomada de consciência, que souberam o que acompanha cada estágio e como reagir a uma sociedade em tais estágios, os melhores conselheiros da tomada de consciência sabem que calar-se e deixar o mundo mostrar as cartas, deixando as pessoas deduzirem por si mesmas o que eles já sabem, faz parte da trama psicológica da História que é melhor que as pessoas não saibam que há implicações que vão além de um momento da consciência quando elas pensam que não há nada além da honesta confissão da verdade no que diz respeito ao que vem sendo escondido. As pessoas não querem que alguém diga que há ainda muita coisa para além da sensação de que nada mais precisa ser explicado. E isso só a vida pode mostrar, do mesmo jeito que me recuso a dizer o que caracteriza as mudanças das fases da vida e as particularidades de cada momento, para não adiantar o processo, mas para os jovens é bom se aclimatar a uma realidade indesejável e saber que nessa fase o mundo pode nos assustar de verdade, mas tenho a dizer também que é passageiro, e que se não fosse pela incapacidade dos impulsos destrutivos dos jovens rebeldes que nunca refreiam tais impulsos por mais que os jornais tente os desencorajar, quase ao ponto de ter que mostrar estatísticas da faixa etária das atitudes mais estúpidas da vida, No fim o governo e até uma parte indeterminada da sociedade preferirá deixá-los se dar conta disso na guerra, na linha de frente do campo de batalha. Considero legítimo que o jovem leitor devolva o livro à livraria e peça o dinheiro de volta se esse parágrafo causar um ou dois dias de insônia. Ou se este parágrafo for incapaz de sugerir que mesmo dois dias de insônia não há motivo pra blasfemar contra a vida por todo o sempre. O tempo nos permite evoluir, e quanto mais tempo a tragédia acontecer longe de nós mesmos mais próximos estaremos de suspeitar que há algo inexplicável que torna a vida boa, os budistas falam sobre acumular méritos. Eu diria que se cada um se aliar a ideia de não ser problema para os outros, aquilo que é visto ocupando uma hora do noticiário sensacionalistas da TV ou aquilo que se impõe como problemático na vida seja em filmes ou escritores que escrevem em função de perturbar, não são dignos de nos perturbar tanto. Ah sim, mais dois comentários sobre a filosofia do século XX e já mudarei de assunto. Uma ideia implícita no conceito de niilismo, que Nietzsche sugeria como comportamento mais adequado pro século XX, era a iniciativa de não aceitar dogma nenhum, e já disse o motivo, ninguém conhece tão bem o método de aplicação de qualquer doutrina política quanto o inventor destas. Outra ideia que o niilismo sugere: escrevam a vontade sobre qualquer coisa mas não se matem em função disso. E foi isso o que os pós modernos e jovens da segunda metade do século XX fizeram quando descobriram que a interpretação de um significado que faz as coisas parecerem obras de arte podem ser vendidas como forma de encantamento pra vida das pessoas. A outra consideração que tenho a fazer sobre o século XX é que: pessoas que conheceram o pior dos horrores, mesmo tendo senso de responsabilidade política, podem se tornar os mais cegos dos filósofos. Neste livro levei em consideração dois livros de Erich Fromm. Talvez por ter sido o mais didático dos membros da Escola de Frankfurt, acabou de certo modo sendo expulso desta, e quando alguém é expulso de uma vertente com intenções e métodos claros um dos lados pode estar certo, e o outro errado. Já mencionei o caso de George Orwell também. Pessoas traumatizadas com a guerra não costumam ser bons filósofos. Quando fazer filosofia é uma necessidade e não a intenção de sentir o gosto de ver a sociedade se tornar algo melhor, nesse ponto os escritos deixam de ser filosofia.

O primeiro avanço para ter sucesso como filósofo é a curiosidade por entender como o presente se tornou o que é para além do significado imediato, construído e organizado antes de termos nascido. Eu disse que um curso de filosofia é como uma linha reta. O segredo dos filósofos bem sucedidos é a ousadia de, logo que entende medianamente o que já permite falar com um pouco de autoridade sobre o próprio tempo, metaforicamente fazer uma virada radical, uma curva que pode levar a cenários bastante exóticos do conhecimento. De uma aposta desse tipo, de que poderia-se pelo menos chegar na Índia por um caminho alternativo, o Brasil foi descoberto. A filosofia ocidental nos apresenta o momento presente ou a formação da sociedade ocidental, mas sugestões de como interpretar ou reagir ao modo de saber do presente exige a ousadia de procurar o belo em qualquer outro lugar.

Confesso que entendo muito pouco da Filosofia Indiana e Chinesa, sei que são territórios de pessoas conscientes de estarem habitando regiões fundadas há mais de dois mil anos e não somente 530 como a América, grande parte dos continentes antigos, o velho mundo, teve uma história marcada por diferentes povos invadindo o mesmo lugar, às vezes meia duzia de povos diferentes, o conceito de inacreditável praticamente não se aplica a religião alguma, na Índia houveram missionários também e pessoas trazendo sugestões de mesclagem de culturas, mas ainda não ao ponto de as pessoas perderem o temor de se rebelar com o sistema de castas. E eles tem a maior escritura sagrada do mundo. A filosofia antes da reforma protestante é um mistério se foi elaborada com ousadia combinada com vaidade no que diz respeito ao tema. Pode ter sido menos metódica ainda que com leve intenção de caracterizar a ordem do mundo. O caso de Marx foi bem marcado pela situação da Alemanha no próprio tempo, apesar de Schopenhauer ter sido anterior a ele e de certa forma ser também um alarme sobre o que o nascimento da sociedade civil pode estar levando o homem a se tornar. Mas a Alemanha era uma cabeça enorme cheia de ideias abstratas que passavam longe de qualquer sugestão de realizar os avanços que a França já havia dado início desde antes do nascimento de Marx. Neste ponto a ocultação da caracterização do problema alemão e da ideologia foi estrategicamente necessário, pois é certo que Marx considerava o capitalismo uma etapa da evolução da organização do trabalho social, mas não de retrocesso em relação ao modelo monárquico absolutista, a lógica da refutação de políticas de mal caráter que fazem o capitalismo perdurar deveriam ser combatidos depois do surgimento do capitalismo, e na década de 30 do século XX aqueles que tinham conhecimentoo e acesso a alguns livros desse teor de Marx e Engels pensaram que era o momento certo de torná-los públicos. Toda a obra de Marx publicada até o ano da morte de Engels tinham como intenção apresentar a lógica da expansão do capital a partir da exploração da classe trabalhadora que nunca nem sentiria o cheiro do luxo ao qual os donos das fábricas tinham acesso sem precisar se submeter ao desgaste físico e psicológico que as fábricas causam. Este foi o caminho longo da mensagem, ninguém precisava entender perfeitamente os cálculos do livro II do Capital. Eu entendi bem mal e me impressionei com a capacidade de Marx escrever 600 páginas sobre o modo mais rápido de fazer o capital retornar à produção e circular gerando excedente de valor (mais valia). Este foi o modo como ele se tornou imprescindível para qualquer discussão sobre responsabilidade política. Pra mim pessoas que não discutem em detalhes nem as questões éticas de Marx não tem alma. Marx fez um caminho bastante abrangente de estudo de possíveis dimensões através das quais o capitalismo podia ser entendido. Todos sabem: a crítica da economia política inglesa, do socialismo francês que sugeria o que as pessoas deviam exigir do governo em vez da sugestão para as pessoas chegarem às conclusões pelo caminho do trabalho auto-consciente (que seja numa fábrica) que em pouco tempo convenceria a pessoa a se sentir injustiçada e procurar os meios políticos de mudar tal realidade, e ainda sugeriu a inversão da filosofia que sugere que as coisas existem primeiro como ideia pra depois se aplicar a organização material, e esse foi o ponto mais frágil do marxismo. Como eu disse, os weberianos se sentem cheios de razão por Weber ter falado do nascimento do capitalismo a partir de uma ideia e não de uma realidade material, mas até quanto a isso ainda acho que além de ser uma questão fútil, podemos remeter o surgimento do capitalismo ao próprio Jesus Cristo, quando a imprensa fez as pessoas lerem a Bíblia mais cuidadosamente acabariam vendo Jesus aprovar o servo que consegue usar o dinheiro de modo a fazer gerar mais dinheiro, nem por isso é dito que Jesus inventou o capitalismo, mas o tempo de silêncio do cristianismo foi muito mais longo. A questão é que junto com a crítica à corrupção da Igreja Católica, o protestantismo trouxe um método de prosperar na vida que pode se resumir em: trabalhe muito, não consuma mais do que o necessário, transfira o capital excedente de volta à produção. Se o Genesis, o primeiro livro do antigo testamento, tivesse dito que Adão e Eva foram expulsos do Paraíso porque Adão foi negligente e desconfiado em relação a mulher que Deus havia lhe dado como esposa, eu entenderia, desde que eu não tivesse provas de que o mais belo modo de vida foi deturpado num modo produção mesquinho e ridículo, porque mulheres com rostos angelicais e quadris largos pra gerar filhos, e seios que fizessem os homens ter inveja dos bebês que elas trazem ao mundo... Melhor encarar como efeito natural que até gerou bons avanços em comodidade para a vida, certamente o homem nunca teria se incomodado por viver numa caverna com couro apodrecendo cobrindo as vergonhas se a mulher não o encorajasse a pensar num meio de sair de tal condição. Por outro lado a comodidade extrema e o preço pelo qual se paga para obtê-la, o problema não são só as ferraris, eu teria vergonha de ter uma porque no fim um carro popular faz o mesmo serviço e não consigo imaginar que tipo de amigos eu teria se tivesse uma ferrari, nenhum lugar no mundo deve ser seguro pra se estacionar uma Ferrari. Com certeza soaria falso conversar com qualquer pessoa o que há de defensável no Marxismo. Além disso, cheguei a ler uma vez que na Russia há minas de ouro onde pessoas golpeiam a rocha com picaretas, com água gelada até a cintura. Ah. Sim, estava revisando o texto, se em algum momento você encontrar a ideia de que o marxismo é uma sugestão a se submeter à situação mais deplorável que te faria sentir saudade do gosto do spagetti… bom, isso era pra vir depois: uma consideração sobre o regime. Tudo indica que os mecânismos de regulamentação econômica no comunismo chinês são rígidos, pra começar eles tem uma moeda bem fraca então as importações são bem limitadas. Eleições democráticas num país com mais de 1 bilhão de habitantes, sei que é um tabu falar mal da democracia, mas repito: bem é mal é questão de conveniencia. Há praticidade na ditadura do proletariado que eles praticam, pode ser que pessoas que subiram da classe operária pra condição de gerente ou organizador do trabalho e orçamento da empresa sejam mais raras e indicadas para governar do que os loucos que brotariam em todos os cantos do país dizendo ser os defensores mais confiáveis dos métodos de cada líder socialista que já viveu nesse planeta, aliás, a democracia na China teria que lidar com debates geralmente infrutíferos entre o Partido Marxista Ortodoxo, o Maoísta, o Partido Germinal fazendo drama (baseado no romance emocionalista de Zola em homenagem a causa operária), e a oposição legitima teria no lugar da famosa placa estamos há _ _ dias sem acidentes, estamos há _ _ meses sem comer spagetti.

E agora algo completamente diferente. Bom, para criar uma máquina precisamos de cálculos, o resultado das operações podem ser organizados de modo que não precisemos fazer o mesmo cálculo. Coloquemos todos os cálculos em ordens de operação e até uma sociedade de chimpanzés seria capaz de ter todos os nossos luxos, e se eles aprenderem que o papel de diferentes cores compra diferentes quantidades de frutas, e que ele pode dormir embaixo de uma ponte, e demonstrar que está sentindo frio pro sujeito que o colocou pra trabalhar e fosse-lhe apresentado um cobertor como sugestão... Aí está a contradição do tempo atual, o fato de as pessoas quererem coisas desnecessárias e fazer outras pessoas produzirem tais coisas leva a uma situação em que até uma sociedade de chimpanzés viveria de modo mais confortável com alguém os organizando pra produzir o necessário. Nietzsche estava preocupado com a ideia de uma vida sem a proteção de Deus, mas pra isso teria que afirmar a vida mesmo diante da filosofia mais extensa capaz de afirmar que a vida pode ser mero acidente da natureza e não tem obrigação de ser boa. Para o século XX viver sem esperar que Deus ajude foi um dos melhores conselhos que Nietzsche pôde dar ao humano a quem já havia sido dado liberdade suficiente pra não viver de acordo com relações pré-programadas da distribuição dos bens. A Idade Média pode se resumir a isso, o homem medieval em qualquer condição não precisava de tanto planejamento pra obter o que precisava, bastava estar no circuito das relações de trocas da época, o camponês pagando impostos em produtos agrícolas aos padres e cobradores de impostos que traziam as vezes roupas, as vezes um arado novo. Todos os que podiam prover o necessário pra continuidade da vida eram facilmente acessíveis sem muitas delongas de planejamento. Ou no máximo um nobre era encarregado de anotar e repassar tarefas pra organizar a substituição de espadas enferrujadas, sempre cuidando pra que a fila de tarefas a fazer não ficasse longa demais ao ponto de não haver machados pra cortar lenha para um camponês nos meses mais frios. Ah sim, parece um mundo em que um chimpanzé seria capaz de sobreviver em termos de organização, mas o manejamento da produção não era tão simples como o que podemos ter com as máquinas atuais. De vez em quando os filósofos sugeriam modos novos de inventar a própria vida, de fazer pessoas repensarem a vida inteira a partir de certos pontos de vistas. O estoicismo, a filosofia da vida equilibrada, pode ter sido a base do entendimento do ser e do mundo na era medieval.

Entre um cigarro e outro penso no que vou escrever. Me dei conta agora de que a ousadia da filosofia pode não ser a virada no que se refere ao material. Pode ser que isso contribua, mas o exemplo de Nietzsche já mencionado, e o de Foucault, que buscou na filosofia a explicação do humano anti-natural pra entender a própria homossexualidade. Imagino que nenhum ser humano conseguiria escrever uma obra filosófica tão esclarecedora e organizada quanto As Palavras e as

Coisas. Porém não vejo a obra de Foucault, no que se refere a política, como sendo a mais clara a respeito do que se pode fazer pelo melhor funcionamento do Estado, ou de que modo o Estado pode ser refutado até o ponto de não servir pra nada. Ele mesmo não mostrou otimismo na possibilidade de um intelectual surgir pra servir de guia para a eliminação de tudo o que não precisamos do Estado. E é absurdo pagar 40% do nosso salário para pessoas se submeterem ao risco de discutir qual rua deve ser asfaltada primeiro. Sobre a formalização jurídica, metade da população não sabe produzir, e não por má vontade, nos parâmetros da formalização jurídica. Um representante do bairro poderia ser o suficiente pra convocar reuniões em que as pessoas só aparecem para informar sobre lâmpadas queimadas, também os políticos poderiam auxiliar a geração de empregos desde o recrutamento de jovens até a sugestão de lugares mais adequados para abrir um negócio. A questão da formalização me parece uma tentativa de estabelecer regras de funcionamento para coisas de infinitas possibilidades de funcionamento e afinal creio eu se não houvesse a formalização do Estado agiriam de boa fé, talvez até mais do que com a formalização que suga em impostos para funcionar. Ainda não entendo o funcionamento do seguro de vida ou de qualquer coisa, mas o Zé disse que uma vez viu um homem causando um incêndio criminoso para conseguir o dinheiro do seguro. Aliás, que eu saiba trabalho em meio período deve ser metade da jornada de trabalho e não cinco horas e meia. E se alguém quiser contratar o trabalho de cinco horas e meia o Estado não deveria impedir também.

Bom, algumas ideias que estavam planejadas pra se encontrar nos parágrafos anteriores: o século XX que os filósofos foram sugeridos a viver como se a ajuda de Deus fosse impossível. Foi o século que mais se escreveu sobre filosofia e sociologia da religião. Não há nada tão estranho na história do marxismo quanto os Frankfurtianos. Eles tinham bom caráter. A guinada pra literatura religiosa desde 2011, quando li o Apocalipse, me impediu de ler muita coisa deles. Os dois livros que li de Horkheimer soaram como uma leitura que lembra os pós modernos, porém com melancolia, e sem vaidade. Se o valor se mede pelo prazer da leitura, os livros de Horkheimer são bem valiosos. Foucault parece ter tido a mesma suspeita que eu sobre a história. Entender organizações atuais ou a imediatamente anterior é acessível, reparem que Foucault não fala do mundo anterior a era do absolutismo. Podemos ter chegado a mesma conclusão. O período anterior é demasiado insondável, os documentos que sobreviveram de tais épocas não são capazes de dizer o quanto as pessoas se orientavam ou deleitavam a partir destes, apenas constatam que foram dignos de sobreviver. Nunca saberemos se o homem medieval estimava Ovídio tanto quanto Platão ou Homero, desconfia-se que A linhagem que vai de Sócrates a Aristóteles teve tanta importância para os intelectuais medievais quanto o novo Testamento. Se havia culto de louvor a Sócrates em diálogos filosóficos periódicos, não se sabem. Bom, não nos esqueçamos que este estudo trata-se das três metamorfoses. O primeiro autor moderno do qual li que no mundo que ele viveu era inconcebível ter vontade foi Descartes. Estou lendo a História da Vida Privada, volume que vai do Renascimento ao Iluminismo e já encontrei um dado relevante: a vontade pessoal existia mas era melhor ser mantida em segredo no mundo vigilante pra que ninguém falhasse no circuito das relações pré-estabelecidas das quais não havia possibilidade de se libertar. A Reforma protestante foi o momento mais importante de divisão da sociedade cristã, e os mitos da necessidade do Estado surgiram praticamente juntos. Foram mitos justamente porque não levaram em consideração os documentos da Israel Histórica, que como eu disse em Mitologia Desvairada, mostra que o Estado não surgiu no momento em que as pessoas passaram a ter primos de segundo grau. Pareceu mais o resultado de um consenso, da vontade da maioria por ver o que um rei poderia trazer de progresso do que pra ter um corpo, em um território vasto, de homens que separam brigas que na natureza surgem naturalmente (foi assim que Hobbes, resumidamente, defendeu o absolutismo), ou julga a quem é legitima a propriedade (um pacto que estabelece a igualdade de direitos jurídicos aos homens, semelhante a Platão), ou simplesmente cuida para que os homens desenvolvam da melhor formas as próprias faculdades depois que a separação do homem da natureza se estabelece como fato (Pode ter sido o que Rousseau disse, mas que me lembro o texto era retórico e apaixonado demais pra qualquer possibilidade de razão). O que aconteceu de fato: surgia um grupo de homens que não eram nobres, e por isso não iam para a guerra. Que produziam ferramentas e objeto de suma necessidade e vendiam em feiras ou espunha os produtos em feiras sazonais organizadas. Suponho que tenha tido clientela dupla uma vez que seus produtos eram solicitados para o circuito das relações feudais e ao mesmo tempo surgia a demanda privadas, com circulação independente de qualquer determinação de obrigatoriedade. Mas no fim a Revolução emancipadora do homem que passou a ser cidadão parece ter levado em conta tudo que parecesse digno para o homens ao olhos de Rousseau. A nobreza foi vitima agora que suas rendas não eram mais asseguradas pelas relações com o rei e os camponeses, que se não me engano passaram a vender a produção ou até se tornaram proprietários da terra que cultivavam. Lembro de ter lido que antes da formação do Estado Nação a própria ideia de exército estava corrompida já que a nobreza se vendia pra lutar em guerras como mercenários para qualquer monarca de reinos menores que a Suíça atual e maiores do que Monaco. Chegaram na revolução com certa garantia de que podiam sobreviver administrando um boteco ou o recém inventado restaurante, ou mesmo investir na ampliação de uma manufatura qualquer de grande demanda. Os derrotados da pior forma pelas chamadas revoluçes burguesas podem ter sido os próprios burgueses, e Marx não deve ter se revorado no túmulo com essa afirmação. O burguês enquanto não era nobre não precisava ir pra guerra, mas assim que se tornou cidadão, a guerra passou a fazer parte dos seus deveres. E pra se provar vitoriosa a Revolução teria que ser colocada a prova numa guerra, provar que pode derrotar exércitos de países que juntos tinham três ou quatro vezes a população da França. Guerrear até o esgotamento. E assim que acabasse a guerra os outros países acabariam por reconhecer que pela segurança nacional o regime adotado pela França era o mais vantajoso. Bom, a guerra de Hitler contra a Europa foi mero recentimento contra o Tratado de Versalhes. Pode ser que a vontade dele fosse escravizar o mundo ao regime nazista. Foi dado ao sósia de Hitler no filme a queda a frase que mostrava que apesar de ter sido derrotado na guerra ele se orgulhava de ter varrido da Europa aqueles que por algum mistério da contabilidade eram favorecidos economicamente. Uma sociedade que fazia diamantes circular a preços elevados saindo de países em momentos de convulsão social que qualquer riqueza vizivel era arriscada? Pode ter sido, fácil de transportar embaixo da parte do sapato que não sei o nome, embaixo do cadarço, Meu professor do cursinho disse que o diamante é a mercadoria mais difícil de cair o preço. Nessas horas sei que o acesso a possíveis verdades pode ter chegado ao desconforto com a condição humana. Mesmo que os políticos não sejam dignos de crítica, melhor não elogiar demais os discursos ideológicos, o menor dos males que isso pode causar é tornar a sociedade moralista que desfaz amizade com os membros da família. Já disse em outro texto que o marxismo em essência não é ideologia, mas uma sugestao para que o indivíduo se coloque a prova num trabalho repetitivo que leva uma semana pra produzir um simples tapete. Somente os que gostarem de tal condição por mais de um ano tendo que pagar aluguel, comendo no refeitório da empresa uma comida que em dois meses te faria sentir saudade até do gosto de spagueti… Sim, aqueles que gostarem de viver em tal condição teriam legitimidade política contra o marxismo, desde que a propaganda política não se omitisse de nenhum detalhe do quanto é deleitável tal modo de vida.

Quanto a minha questão inquietante, tem a ver com a suposição de que em algum momento poderia o conhecimento não ter por onde avançar. A verdade deve surgir aos poucos, e se Jurassic Park foi realmente feito com dinossauros de verdade que nasceram de ovos gigantes que foram desenterrados num processo de erosão, não conviria apresentar ao mundo antes que populações tivessem que se deslocar pelas saídas mais estreitas do continente pra fugir dos dinossauros. Essa possibilidade não me assusta, o que me assusta é pessoas não encararem esse tipo de coisa como possibilidade. Parece que a idéia de relatividade do tempo e a ideia de genialidade gerada por Einstein nos deixou num ponto em que recusamos ideias novas tanto quanto gênios. A relatividade do espaço em relação a dimensão do órgão receptor de luz… tentei defender numa discussão na internet e ninguém mostrou interesse em desvendar tal possibilidade que traria implicação a respeito da variação da velocidade da luz. Pra mim a relatividade do tempo é que depois de 18 anos fumando cigarros uma lembrança de quando eu tinha oito anos parece ter acontecido há séculos. E a relatividade do espaço faz o tamanho do mundo ser visto em proporção do tamanho do corpo que o enxerga. Galáxias são bactérias gigantes. Já demonstraram que mosquitos vivem em câmera lenta. As bactérias gigantes que são bolhas com energia interna concentrada criando movimento nunca nos devorarão vivos nesse cantinho minúsculo da bactéria, digo, galáxia, onde vivemos. Mas os processos bioquímicos dessa galáxia também depende da nossa interação com a galáxia e é aí que entra a ideia da explosão de saturno e transformação de um planeta gasoso em decisão afirmativa do sistema binário. Não sei se foi o Apocalipse ou um livro Apócrifo de Pedro que me fez pensar que a vida só evolui a cada 1000 anos, de qualquer jeito novas espécies não surgem em qualquer ano, mas quando um ciclo se torna entediante para quem é capaz de ver de fora, e isso pode acontecer a cada 1000 anos. Não estou tentando sugerir novas verdades, mas sim que o campo de possibilidade destas poderiam facilmente não ser aceitas, afinal, pra quem não sabe, a ciência não é um exercício de explicação do mundo simplesmente dado, mas sim de organização. Não é recomendável aceitar possibilidades de as coisas serem algo mais se isso implicar na necessidade de mais duas ou três aulas em alguma disciplina do ensino Médio. No fim das contas a única disciplina que inevitavelmente sempre aumenta em conteúdo a ser explicado é a História. O mais longe que cheguei foi na ideia de que o tempo é o movimento causado pela energia. A energia são as ondas interpretadas como calor, vindo de uma esfera em estado de fusão de atomos de hidrogenio que se transformam em Helio em uma proporção, e este é o caso do sol, que 700 unidades de massa de Hidrogênio se transforma em Hélio com 695 unidades de massa. As 5 unidades de massa restantes são energia potencial. A atmosfera dessa esfera menor em que vivemos está em movimento também e gerando energia elétrica a partir da constituição salina que permite a manifestação da eletricidade. A vida é energia encapsulada, do mesmo modo que as galáxias. Não me lembro de ter aprendido como a membrana surgiu em volta dos aminoácidos, que podem ser as substâncias bioquímicas elementares. Até aí a vida é pouco mais que movimento e reações bioquímicas das mais diversas de diferentes moléculas orgânicas em interação. A metamorfose da vida como mero circuito de relações entre indivíduos suficiente, sem margem pra dúvidas, para continuarem vivos, para o mundo da vontade se dá no momento em que o circuito dá liberdade para que o indivíduo escolha os meios de tomar decisões refletidas dentro do circuito. A liberdade é quantificada em dinheiro, e este é dado às pessoas que usam a liberdade pra prover além do necessário a si próprio, algo que seja valorizado pelos outros, o auxilio mutuo e a bondade da natureza que poupa os filhos a construírem uma casa quando 12 trabalhadores fortes em seis meses produzem uma casa habitável por 100 anos gera a acumulação histórica, há uma parábola de Jesus que diz isso sobre o reino dos céus, que por muito tempo foi interpretado sem questionamento de modo que sugeria mais a corrupção do mundo do que uma realidade celestial. Os trabalhadores que foram trabalhar depois do almoço, os que começaram de manhã, e os que começaram já quando o sol se punha receberam o mesmo salário pelo empregador. O trabalho cria atalhos que tornam a melhoria da vida possível. Quando eu estava na faculdade imaginei que o conhecimento evoluía pela transmissão de atalhos pra consciência. Algo que um autor escreveu aos 40 anos pode ser absorvido e naturalizado por uma criança de 14 anos. Essa parte pode ter sido falha porque cada caminho do conhecimento tem sua particularidade e organização. Certo, próximo da conclusão da faculdade tive meu impulso ao desvio. Posso resumir em poucas palavras o campo teórico em torno do qual qualquer coisa podia ser dita. Positivismo: busca de regularidades na forma mais complexa de vida: o ecossistema humano. Regularidades estatísticas da condição humana existem, mas estão sempre em mudança e o funcionamento das instituições, foi demonstrado, varia de uma delegacia a outra, o positivismo pode servir como método de demarcação dos tipos de relações que as pessoas estabelecem entre si, além da relação com as instituições que podem ser recorrentes por diferentes motivos. Os outros dois eixos da responsabilidade da organização giravam em torno de Marx e Nietzsche. Não separei para este estudo mais do que esta introdução para falar destes autores. Freud teve uma interpretação ousada o suficiente pra despertar o interesse do humano do século XX por conhecer a si mesmo. Falava-se muito sobre desconstrução, grau zero, amplitude de possibilidades de comportamento, determinações de conclusões alheias no lugar da experiência que liga o comportamento à transformação da sociedade. Da velha discussão sobre ideologia nas disciplinas de sociologia fui desviado, aos 24 anos, para tudo que na cultura ancestral transmite a ideia de fim, extinção da humanidade, ou simplesmente os fundamentos religiosos e filosóficos da organização social. O que mais li esteve relacionado ao mundo greco-romano, judaico cristão, islâmico e budista. Pelo menos umas 3000 páginas de cada fonte, adoraria não precisar ler mais sobre isso. Há uns 3 anos livros aleatórios da modernidade voltaram a fazer parte do repertório, sem nenhum tema em especial, alguns ainda relacionados a fantasia religiosa. Agora elaborei uma bibliografia longa a ser desvendada. E quanto a impossibilidade de superação do conhecimento? Pode acontecer, mas quanto a mim, quando percebi que tinha me esquecido dos detalhes que poderia ter me aprofundado concluí: se o conhecimento humano não avançar um passo no sentido de estabelecer novos caminhos, qualquer ser humano pode ter porção suficiente de satisfação com curiosidades das mais diversas. Queria ter umas 120 horas pra ler sem precisar escrever nada sobre fisica Newtoniana e história da ciência e tecnologia, mas agora, 29 de julho, ainda tenho um ano pela frente pra pegar Woodstock de surpresa com mais um livro. Deixarei à disposição a bibliografia do projeto inteiro. Além disso pretendo ler os 3 últimos livros da História da Vida Privada. E As 4 eras de Hobsbawm além dos dois livros curtos do mesmo autor que falam sobre os assuntos mais em destaque depois do fim da guerra fria e antes do reinício da mesma. Pode ser que o primeiro tópico contenha uma sugestão que pode render, junto a alguns outros livros, um livro que pode ser muito bem recebido para fechar os ciclos das eras de Hobsbawm, já que é o início da era moderna. A Era das Navegações poderia se chamar. Da descoberta da América ao Iluminismo. Quanto ao projeto atual, gostaria de escrever os tópicos do IV ao VI pelo menos, estive familiarizado com o ambiente psiquiátrico o suficiente pra isso. Acho que imagino uma ideia razoável do mundo da vontade ao mundo do ser. Pode ser o do sujeito de vontade modesta, que são do quanto depende do trabalho alheio e não exagera em solicitar muito conforto do mundo. Pode ser um homem discreto. Que perambulou pela arte. Largou o emprego bem pago de burocrata assim que conseguiu o emprego de jardineiro em meio período. Ainda sente que não se distraiu o suficiente com a leitura. Faz os reparos por conta própria nos móveis de madeira quando enchem de cupim, todo espaço do quintal onde bate sol por umas 3 horas por dia pode ter um pézinho de~~ couve~~ tabaco. Tem fé de que os dois bilionários vão fazer uma apresentação de luta livre séria. E um deles se o foguete explodir ou ele chegar num deserto sem cactos e sem lua quando podia ter ido até a lua pra ver a terra de longe… conquanto que a mentalidade que ele representa se cale logo, sim, o bilionário quer ir pra Marte. Espero que ele não deixe de herança pra Terra um investimento de todo o dinheiro nos torneios de fórmula 1 dos próximos anos. O homem ser vê muito mais prazer em torneios de sinuca. Se a metamorfose do ser pode ser resumida em termos teóricos, ela pode até não exigir que o sujeito fez escolhas erradas, o importante é que ele tenha tudo que o deixa feliz, e que seja simples, e que ele esteja em sua liberdade em harmonia com o circuito externo das relações sem que as relações sejam impostas.

O utilitarismo supôs que a liberdade pode ter sido a maior conquista do homem, quando tudo na vida leva a crer que é o mais árduo dos desafios. A liberdade não impede o homem de cruzar os braços diante das verdadeiras necessidades dos outros. A liberdade empurra o homem a viver para si mesmo, para defender o próprio corpo em vez da verdade. Não era isso o que eu estava sugerindo páginas atrás? A liberdade só há de provar ter sido a melhor das conquistas dos homens quando satisfazer as necessidades dos outros representar para cada um a diminuição do montante de problemas que os outros podem nos causar. Mesmo assim a liberdade é um desafio pelo qual vale a pena viver.

A maior parte da obra de Foucault procurou desvendar a psicologia do corpo, a história do entendimento da manifestação do corpo. Primeiro as classificações do mal funcionamento da mente e os tratamentos. Mas havia algo mais perturbador que isso em funcionamento. O corpo se tornou objeto de observação em que o tratamento psicológico não era suficiente. Era necessário verificar o corpo como objeto de estudo em um nível mais sutil nessa sociedade em que os homens em liberdade poderiam representar uma ameaça uns aos outros. Tentou-se entender o que pode ser considerado agressivo a qualquer pessoa. E quwe tipo de punição era mais amedrontador, ou que melhor economizava gastos no sistema de vigilância. A crítica ao monumento que representa a vigilância é que quanto maior o trabalho para organizá-lo menos as pessoas os levam a sério. O corpo resiste a se parecer comportado. Certamente os monumentos geram emprego e quanto maior o esforço da sociedade em erguê-los… A ideia de monumento me fez perceber o quanto pode ser difícil convencer as pessoas de que Jesus é tão digno de louvor quanto Marx, Sócrates, Nietzsche ou Homero, numa sociedade que ergueu catedrais, estátuas, tantas lojas sobrevivendo com a venda de imagens, terços… Sei que manifestações de fanatismo ou recusa a ler esta obra pode ser a reação mais natural das pessoas que sentem que para si mesmas Jesus é a dose suficiente de vislumbramento da vida, Mas voltemos ao corpo. Este tornou-se alvo de um saber. Sobre o que uma pessoa pode reclamar com legitimidade sobre a outra. Que forma arquitetônica economiza a questão da vigilância. Em que tipo de ambiente as pessoas podem ser educadas para não serem invasivas. Por outro lado também existem interpretações inconscientes da tradição que podem levar as pessoas a pensarem que sexo se alcança por insistência, quase como um assalto ao corpo da mulher até que um vacilo de consciência as leve a pensar que… por que não desistir do homem que ela até então considerou o mais apaixonante? Se estar nu em publico é uma transgressão, a sexualidade pode parecer uma transgressão também. E se não fosse, impedir que se inicie o ato seria transgressão. Mas não nos esqueçamos que é também um ato de amor. Qualquer método detestável de coação deve ser punido mesmo que leve tempo pra mulher se detestar por ter deixado acontecer, há ainda o temor de discriminação pela sociedade quando o infrator começar a se manifestar diante de todos que agressor e vítima conhecem em comum. No fim sempre haverá alguém que preferiria que você não estivesse fazendo com tal pessoa. Até mesmo o detector de mentiras é efeito de uma tentativa de dominar as transgressões dos homens livres. Sei que se eu quis trabalhar numa fábrica de armas devo pelo menos ser aprovado pelo ministério da defesa para isso. Mas é difícil imaginar o funcionamento interno. Certamente é como a fábrica de dinheiro em que ninguém conhece todo o processo da linha de montagem, no caso do dinheiro, simplesmente o fim da linha de produção pode terminar num cofre cuja senha só o administrador deve conhecer. Quanto às armas? Alguém deve saber. Sempre houveram discursos tentando parecer o mais racional possível para estabelecer a legitimidade de uma ordem sobre o corpo. Este muitas vezes nem sabe que é suspeito de alguma infração cometida, ou nem de quem partiu uma acusação que ele sabe ter sido de má-fé e acaba precisando se pronunciar. Quando meu pai foi chamado a explicar se era ele quem devia uns meses de condomínio do morador anterior recebi uma visita de homens da justiça. Me disseram que o que mais leva a processos está relacionado ao pagamento de pensão. Quando eu não tiver nada melhor pra fazer pretendo ler a constituição, pra verificar se há lei que obriga pais de família a terem renda fixa. Certo, a empresa te manda embora aos 50 anos porque é praticamente impossível não perder 1/3 da capacidade produtiva no emprego. Ninguém quer contratar maiores de 50 anos, o instituto nacional de seguro social te recusao a pensão por invalidez e seu tempo de contribuição na previdência social é insuficiente pra você receber aposentadoria. Quem é o culpado se você não paga pensão para os seus filhos. Preferia não ter que dizer que foi você por querer ter procriado.

Preferi não entrar na discussão sobre o ser com tanta carga do que já foi escrito. Esta se resume na provocação da possibilidade de ser não ter sentido em Heidegger, e a discussão que isso suscitou em alguns livros da Escola de Frankfurt. O autor que mais escreveu sobre a questão do ser não tinha visto a trajetória completa dos aspectos que devem ser considerados para a formulação da ideiaa. Erich Fromm, que inclusive foi expulso do grupo de estudos a que pertencia, e pode ter sido o que mais tinha razão. Vejamos onde chegamos: a cultura jovem ainda se manifesta, nos talvez nos mesmos esquemas que começou na década de 60. Não sei se o Cosplay pode ser considerado a versão sem música dos jovens dos anos 90. Certamente os que se vestem de monstros ou palhaços são os novos punks. Se os hippies voltarem a se manifestar será como pessoas vestidas de homens das cavernas se esforçando pra ter somente o que conseguem da própria terra. De certa forma cada um carregando a própria tragédia. O cosplay por haver muitos pobres que adorariam se transformar em personagens do Scooby Doo ou do Dragonball. Os palhaços e monstros por não conseguirem confiar nem uns nos outros. Os hippies das cavernas se deixarão sucumbir a espera que as plantas que eles mesmos plantaram frutifera. Em relação a condição sócio econômica: este ponto pode ser que Erich Fromm tenha acertado. Muitas pessoas que acumularam muitas mercadorias e já não tem o que comprar. Ou compram medicamentos de pessoas que podem não ter tantas despesas. O ser não é mero humano que acaba por reconhecer quão pouco precisa para continuar vivo. Do outro lado há pessoas que moram em casas sem reboco, capazes de produzir coisas que ninguém precisa comprar. E o homem ser deverá provar sua nobreza colocando a mão na massa. Ajudando pedreiros a rebocar casas, colocando ladrilhos dentro e fora da casa. Que seja duas horas por semana, melhor do que se ninguém fizesse isso pelas pessoas que dirigem onibus o dia inteiro ou fazem faxina. Sofrer fadiga muscular com o trabalho durante anos, muitos universitários seriam capazes de cobrar pelo menos cinco mil reais por mês para se submeter a isso. Levar umas panelas com alimentos saudáveis e baratos com bom tempero pode ser melhor do que sopa, mas certifique-se de não estar fazendo concorrência com nenhum restaurante nas proximidades. Doar roupas e brinquedos em excesso: nunca é má ideia. Doar livros: só se não tiver herdeiros, de preferência para sebos pois os que trabalham lá não devem gostar da ideia de pagar por algo que pode levar anos para ser vendido um pouco mais caro. Emprego estável? Geralmente está relacionado a saúde. Pode ser que materiais para arte como canetas (ponta fina com gel é a melhor que existe), cartolina para origami e a taboa que mede e corta as folhas, papel de parede… Pode ser que nunca declinem em demanda. E produção agrícola claro. Todo espaço do quintal pode ser usado para plantar pimentão ou couve, espinafre, feijões. Se você vive em uma sociedade stressada, fazer piadas no ônibus simulando uma conversa ao celular dizendo: fica tranquila amor eu misturei o rivotril na água do gato e agora ele ta dormindo tranquilo. Avisa o cara da pet shop que o Jerry enjoou do dvd de filé na churrasqueira, acho que ele precisa mudar de estilo (pausa) Como assim que estilo de filme os cachorros gostam de assistir quando estão entediados? ouvi dizer que a netflix lançou as férias do imperador samurai. Eu sei, falei de outra bibliografia. Enquanto traduzo este livro pretendo ler o livro de Georg Simmel, companheiro de Weber em defesa da formação de um direcionamento metodológico. Certamente o que há de admirável em Weber foi a capacidade de circunscrever conceitos de relações entre os homens. Thomas Hobbes fez isso também com uma amplitude maior. Foi uma sugestão importante para consolidar o interesse das pessoas na sociologia. Certamente decisões de ordem emocional, educacional, em defesa de detalhes de uma tradição, certamente eu acrescentaria a ideia de uma decisão que exprime autoridade e imperativos. O que Weber tem em comum com Durkheim é que ambos esperaram expressar conceitos em quatro direções, mas uma delas acabou sendo confusa. Em Durkheim, egoísmo ou fechar-se em si mesmo se opõe ao altruismo ou doar-se para o outro. Anômia é ausência de regulamentação, Durkheim sugeriu a ideia de suicídio por desistência em tentar se orientar pelas regras da sociedade, mas não me lembro do nome do tipo oposto de suicídio, que seria por não suportar o excesso de regulamentação. Não foi possível encontrar nenhum exemplo empírico que sugerisse a aplicabilidade de tal conceito. A questão é que nunca há falta ou excesso de regulamentação. O verdadeiro problema diz respeito a quem estabelece. Os conceitos que orientam as pessoas na sociedade tradicional são determinados pelo Estado, pode ser que por oposição a anomia pode-se dizer de uma sociedade com excesso de controle do Estado sobre as decisões das pessoas. O próprio Durkheim não deve ter percebido que seus conceitos faziam parte do processo de transferência, na sociedade do sujeito livre, para que a sociedade ou ciência orientassem as escolhas das pessoas. O saudável e o doentio. O são e o louco. A moda, o fitness, o status. Tudo que pessoas normais sugerem umas as outras a respeito da melhor escolha a ser feita na esfera do consumo, mas o mais evidente sintoma de falta de regulamentação se daria quando as pessoas não soubessem onde procurar emprego ou interpretar as condições exigidas ou organizar os comprovantes relacionados à educação. Quanto a Weber, a ação tradicional e em relação a valores parecem ser a mesma coisa. Eu colocaria entre os conceitos de Weber o de ação imperativa, que exprime a urgência da ordem ou posição de autoridade. O que li de Simmel só não era óbvio para os sociólogos quando falava a respeito das relações sociais desinteressadas. Bom, o texto sobre as grandes cidades sugerem duas formas possíveis de individualismo. Dois mecanismos através dos quais o sujeito socorre a si mesmo: como um atrativo ao outro, ou seja, a recorrência da ideia de fragilidade, e de que alguém deve se identificar com esta no meio da multidão. Nunca liguei para tatuagens mas Simmel teria sido capaz de ver no desenho destas o slogan de propaganda do próprio indivíduo em busca de alguém capaz de notar, numa mensagem que se inscreve no corpo, um sujeito de quem vale a pena cuidar. Em defesa do mesmo corpo o indivíduo sabe também ser discreto. Vive o ambiente de trabalho como um ambiente vigiado em que a atenção é extrema para que o menor número de falhas e desconto do próprio salário, se é que essa regra é admitida na lei trabalhista, não se transformem em problemas grandes para a empresa. Como eu disse, a vocação diz respeito ao que pra nós são as coisas mais misteriosas. E todos sociólogos que conheci são desajeitados socialmente. A ideia de arte cotidiana em Certeau e da sociabilidade em Simmel só não são óbvias para os próprios sociólogos. E é importante que os sociólogos se ajudem uns aos outros sobre como se comportarem em sociedade. Pretendo verificar se Simmel traz grandes esclarecimentos sobre Schopenhauer e Nietzsche, enquanto isso estarei traduzindo este texto. Bom, já apresentei a mestre Marcos o melhor favor que a sociologia pode fazer ao mundo. Chama-se Instituições emprestadas. Terá uma forte carga empírica em três partes.

Anexo:

Das três metamorfoses (Nietzsche - Assim falou Zaratustra)

Três metamorfoses do espírito menciono para vós: de como o espírito se torna camelo, o camelo se torna leão e o leão, por fim, criança.

Há muitas coisas pesadas para o espírito, para o forte, resistente espírito em que habita a reverência: sua força requer o pesado, o mais pesado.

O que é pesado? Assim pergunta o espírito resistente, e se ajoelha, como um camelo, e quer ser bem carregado.

O que é o mais pesado, ó heróis?, pergunta o espírito resistente, para que eu o tome sobre mim e me alegre de minha força.

Não é isso: rebaixar-se, a fim de machucar sua altivez? Fazer brilhar sua tolice, para zombar de sua sabedoria?

Ou é isso: deixar nossa causa quando ela festeja seu triunfo? Subir a altos montes, a fim de tentar o tentador?

Ou é isso: alimentar-se das bolotas e da erva do conhecimento e pela verdade padecer fome na alma?

Ou é isso: estar doente e mandar para casa os consoladores e fazer amizade com os surdos, que nunca ouvem o que queres?

Ou é isso: entrar em água suja, se for água da verdade, e não afastar de si as frias rãs e os quentes sapos?

Ou é isso: amar aqueles que nos

desprezam e estender a mão ao fantasma, quando ele quer nos fazer sentir medo?

Todas essas coisas mais que pesadas o espírito resistente toma sobre si: semelhante ao camelo que ruma carregado para o deserto, assim ruma ele para seu deserto.

Mas no mais solitário deserto acontece a segunda metamorfose: o espírito se torna leão, quer capturar a liberdade e ser senhor em seu próprio deserto.

Ali procura o seu derradeiro senhor: quer se tornar seu inimigo e derradeiro deus, quer lutar e vencer o grande dragão.

Qual é o grande dragão, que o espírito não deseja chamar de senhor e deus? "Não-farás" chama-se o grande dragão. Mas o espírito do leão diz "Eu quero".

"Não-farás" está no seu caminho, reluzindo em ouro, um animal de escamas, e em cada escama brilha um dourado "Não-farás!".

Valores milenares brilham nessas escamas, e assim fala o mais poderoso dos dragões: "Todo o valor das coisas brilha em mim". "Todo o valor já foi criado, e todo o valor criado — sou eu. Em verdade, não deve mais haver 'Eu quero'!" Assim fala o dragão. Meus irmãos, para que é necessário o leão no espírito? Por que não basta o animal de carga, que renuncia e é reverente?

Criar novos valores — tampouco o leão pode fazer isso; mas criar a liberdade para nova criação — isso está no poder do leão. Criar liberdade para si e um sagrado Não também ante o dever: para isso, meus irmãos, é necessário o leão.

Adquirir o direito a novos valores — eis a mais terrível aquisição para um espírito resistente e reverente. Em verdade, é para ele uma rapina e coisa de um animal de rapina.

Ele amou outrora, como o que lhe era mais sagrado, o "Tu-deves"; agora tem de achar delírio e arbítrio até mesmo no mais sagrado, de modo a capturar a liberdade em relação a seu amor: é necessário o leão para essa captura.

Mas dizei-me, irmãos, que pode fazer a criança, que nem o leão pôde fazer? Por que o leão rapace ainda tem de se tornar criança?

Inocência é a criança, e esquecimento; um novo começo, um jogo, uma roda a girar por si mesma, um primeiro movimento, um sagrado dizer-sim.

Sim, para o jogo da criação, meus irmãos, é preciso um sagrado dizer- sim: o espírito quer agora sua vontade, o perdido para o mundo conquista seu mundo.

Três metamorfoses do espírito eu vos mencionei: como o espírito se tornou camelo, o camelo se tornou leão e o leão, por fim, criança. — — Assim falou Zaratustra. E nesse tempo ele permanecia na cidade que se chama Vaca Malhada.

La Boetie, O Filósofo Precoce

Primeiro pretendo comentar O Discurso sobre a Servidão Voluntária de La Boetie. Este texto foi escrito por La Boetie aos 18 anos. Clastres estuda a aplicação das questões deste texto em um ensaio do livro A Sociedade contra o Estado, pretendo comentar esse texto em seguida.

Se é melhor ter um ou muitos governantes? Nem um, nem muitos é minha singela opinião (Ricardo Cachoeira). A obra de La Boetie se inicia questionando uma única frase de Ulisses na Obra de Homero, em que o guerreiro afirma que é melhor um único senhor a quem obedecer.

Dois exemplos históricos demonstram que para o encorajamento na guerra é realmente melhor que as pessoas confiem num único senhor, e que fazer guerra em nome deste também depende de demonstrações anteriores sobre o sucesso em resolver questões problemáticas da sociedade que governa. Em duas ocasiões pelo menos na História, a Revolução Francesa e o Nazismo, que eu saiba, certos pressupostos originais do governante que levaram uma sociedade ao sucesso acabam tendo necessidade de ser colocado à prova através da guerra. E assim Napoleão e Hitler deram início às maiores catástrofes da História, para sugerir outros países a seguir o mesmo caminho da Sociedade que resolveu declarar guerra? Este foi o caso de Napoleão. Não há vencedores na guerra.

Todos saem perdendo. Mas se a guerra serviu para alertar os povos atacados que é vantajosa uma nova organização social, podemos dizer que as guerras napoleônicas foram capazes de persuadir os países viizinhos a fazerem a revolução burguesa e superar o antigo regime. Nada na História nos leva a crer que as coisas acontecem duas vezes de forma idêntica. Mesmo que Hitler tenha representado preocupação para quatro Estados fortes inteiros juntos (Estados Unidos, Inglaterra, França e União Soviética). O que estava em jogo não era convencer outros países a adotarem o regime autoritário. Tudo nos leva a crer que a megalomania de Hitler e o mito do reich de mil anos era uma questão de escravizar toda a Humanidade.

O Socialismo, representado na segunda guerra mundial pelos russos nasceu com a intenção de universalização do regime. As reuniões da Internacional Socialista foi a melhor prova disso. O Fórum Social Mundial no Brasil, como reação ao neoliberalismo e ao Fórum Econômico Mundial, em 2001, pode ser entendido a retomada da História Política do povo questionando os políticos do modo como o século XIX trouxe. A questão da forma de governo do nascimento do Socialismo era uma discussão calorosa de velhos e seus livros. Depois da Segunda Guerra Mundial digamos que a política se tornou jovem. Os hippies podem ter levado muitos a crer que a política estava em segundo plano, mas sim, eles estavam preocupados com a guerra no Vietnã. E no ano em que o Movimento Estudantil francês organizava a maio greve geral da História e até alertava em Livros como A Sociedade do Espetáculo de Debord a insatisfação com a arte em primeiro plano num mundo cheio de problemas e demandas socio-econômica. Se Debord era o último da espécie do instigador de discussões políticas através da publicação de livros ao modo dos socialistas do século XIX, sua existência pode ter sido bem vinda, mas Nietzsche dizia que para o Século XX teria sido melhor que as pessoas não se aglomerassem em torno de dogmas políticos, e anulassem o poder através da arte. Pode ser mesmo que o momento mais emblemático de Woodstock tenha causado mais impacto a respeito da opinião política pública da época do que o livro de Debord, a música de crítica sarcástica a guerra do Vietnã, envie seus filhos pro Vietnã e sejam os primeiros no seu quarteirão a receber seu filho de volta dentro de uma caixa... Eu seria capaz de trocar o livro de Debord por uma música tão humilhante para a esfera política da época quanto a de Country Joe, mas lembremos que era o período de guerra fria. Bom, os Sex Pistols em God Save the Queen fizeram isso 8 anos depois, também gosto deles.

E houve pelo menos um Marxista do século XX que elogiou a economia Norte-Americana. Gramsci elogiou o fordismo e argumentou que a inexistência de um passado Feudal foi a vantagem do processo de industrialização Norte-Americano. Os ruídos de birra de uma classe ociosa para Gramsci foram o maior empecilho para que o capitalismo europeu não conseguisse acompanhar os avanços do capitalismo que os Estados Unidos viviam. Lembremos que o próprio Marx dizia que a implantação do Socialismo dependia do máximo desenvolvimento das forças produtivas do capitalismo, e a ideia dos Revolucionários Russos, uma vez que a Rússia pretendia implantar o Socialismo partindo de uma sociedade feudal e czarista, retornar um passo para dar dois adiante, industrializar-se e mecanizar a agricultura para paulatinamente estudar a possibilidade de igualdade. Não culpemos os russos, era a primeira vez que se tentava seriamente a adoção do Socialismo como regime Político. O capitalismo porém não é somente uma organização produtiva, é também uma mentalidade que atrela a liberdade ao consumo.

Se a qualidade de vida dos Norte-Americanos atrelado ao baixo índice de pobreza foram alguma vez sintoma de uma economia sadia, não nos esqueçamos de três coisas. Seguindo o exemplo dos indigenas coincidentemente Norte-Americanos, mencionados pelos antropólogos Franz Boas e Marcel Mauss, que tinham o costume de ir até a fronteira com sociedades vizinhas para queimar tudo o que tinham produzido em excesso, os norte americanos, em resposta à crise de 1929, decidiu queimar muito da produção agrícola em um mundo que nunca deixou de ter pessoas famintas. A crise imobiliária, se bem entendi, foi uma estratégia de entendedores do sistema econômico agindo em conjunto, estimulando decisões de pessoas comuns para que no fim elas tivessem que pagar aluguel. Houve um documentário explicando da forma mais complexa. Lembro ter entendido e vou verificar se ainda sou capaz de lembrar os estágios do golpe: Investidores estimularam a população a vender as próprias casas. O número de casas ofertadas levou o preço dos imóveis a cair, e quando isso aconteceu os próprios investidores compraram as casas, e aqueles que venderam passaram a ser obrigados a viver de aluguel nos próprios imóveis que eles mesmos venderam. E tem a questão das franquias das multi nacionais, em que parte do lucro é enviado de volta ao país de origem para que o poder de compra dos trabalhadores locais seja mais elevado. As decisões econômicas mais desumanas vieram dos Estados Unidos.

Ah, claro, La Boetie e Clastres, suponho que Ulisses tenha elogiado o governo de um único homem para tomar a decisão do fim da guerra de modo mais patente do que se a sociedade dependesse de assembléias para isso em que sempre pudesse haver contra-argumentos fortes à paz. Mas como eu disse, e pode ter sido o caso da Grécia, a guerra é também o Regime Político colocado à prova. Imagino que para Israel e a Grécia, era preciso que os dois países com a melhor literatura do mundo da época, no Ocidente, não sucumbissem, aliás, é legítimo questionar se a Guerra teve efeito na produção literária? Poderia a Babilônia não ter exercido influência sobre o resto do mundo se além daquele que foi considerado o primeiro livro da História (Gilgamesh) houvessem livros que dessem continuidade? Bom, o Genesis fala de um tempo muito anterior ao épico de Gilgamesh e teve continuidade na narrativa por profetas que de tempos em tempos acrescentavam algo mais ao Pentateuco (os cinco livros fundadores do judaísmo). Me lembre de reler o Gilgamesh depois de terminar de escrever esse livro, se não me engano pra piorar partes do livro foram perdidas, mas o pouco que me lembro era cômico. Creio que o melhor governo é aquele que se apoia numa pessoa que sabe julgar o momento de colocar decisões em prática e quais decisões podem ser descartadas, e outra que tem criatividade para elaborar decisões, porém sem ideia nenhuma de contabilidade e as vezes é capaz de elaborar decisões sem valor.

Melhor que não sejamos governados por apenas um, diz La Boetie, depois de afirmar que para as questões circunstanciais da guerra convém um só governante, porém, "a bem da verdade, é um extremo infortúnio estar sujeito a um único senhor, o qual nunca se pode garantir que seja bom, pois tem sempre o poder de ser mau quando desejar;" são as palavras de La Boetie.

Sigamos adiante. Em seguida é colocada a questão se no governo de um, a monarquia, há algo realmente que pertence a todos (público), já que a monarquia coloca o soberano em posse de qualquer coisa. Ora, a História do império romano, não sei mesmo se o filme Caligula foi um retrato próximo do que o imperador romano pode ter sido, o extremo da perversão que o permitia humilhar quem quer que fosse em gestos, apossar-se da esposa de qualquer um, confiscar qualquer propriedade e assassinar quem quisesse. Nunca vi isso de perto, o filme parece até mesmo ter sido construído pela mente inquieta de um Marquês de Sade. Mas também La Boetie lança um desafio a um interprete: Será que toda forma de governo é capaz de assegurar que um governante aja de tal modo como foi descrito sobre Calígula? Certamente a documentação não permitiria nem que o governante se apossasse de terras ou prédios, nem da esposa de qualquer pessoa, nem tirar a vida de qualquer pessoa. Não enquanto governante. Mas certa vez uma candidata a vereadora da cidade onde moro resolveu fechar um centro de exposição artística e de cursos relacionados à arte como última decisão no cargo logo que foi derrotada nas eleições, e isso foi revoltante. Dizia meu colega Robson que todo mundo é homossexual, só depende do quanto uma pessoa é capaz de vender o próprio rabo. Creio que o dinheiro não me levaria a isso, mas se um homem estivesse na minha frente com a arma apontada para Fe B ou minha sobrinha ou meus pais, acho que até para o meu irmão, dizendo: "Passa pra cá seu cuzinho." Eu cederia pra depois me suicidar.

Em seguida vem a questão da opinião pública. Lembremos da redoma de propaganda que o nazismo criou, de pessoas com sorrisos encantadores diante de potes de margarina enquanto nos campos de concentração pessoas eram escravizadas até a subnutrição. Me pergunto quem são os que vivem da linha da fome para baixo, como vivem e trabalham, se o governo pode tirá-los de tal situação. Não entendam esse texto como denúncia do governo existente, eu mesmo não sei por que ou onde estão os subnutridos, mas se soubesse certamente estaria entre os que expõem num jornal a prova empírica de um acontecimento como este mesmo se o próprio governo estivesse expondo pessoas a tais condições. Creio que a denúncia contra a monarquia feita por La Boetie não considera o fato de que, como já foi dito, a liberdade é o mais árduo dos desafios, viver encadeado a obrigações determinadas por um rei tão fácil de ser ignorado implicaria em muita discussão sobre o dever de cada um. É até pensável uma divisão da sociedade que apesar de trabalhar pelo sustento do Rei que organiza o que cada um deve fazer, ninguém se preocupa com os excessos dele e dos nobres que banqueteiam a custa da servidão dos homens calmos e pacatos. Estes de certo modo sabem quanta convulsão seria necessário pra tirar o rei de um trono, e que alguém teria que colocar as prioridades em ordem no lugar do rei para que quando o machado do camponês quebrasse fosse substituído antes da chegada do inverno. Quanto à guerra... Ninguém pede por estas. Pode ser que seja vaidade dos políticos, talvez a ordem dos acontecimentos da história não seja das melhores pois há momentos em que o impactante ao público não espera algo tranquilizador que poderia ser colocado a frente, ou o impacto tranquilizador pode demorar demais também. Alguns políticos são vaidosos demais, e provar algo pro mundo para eles é tão urgente que para eles pode não haver nada de errado em entrar pra História por, pelo fato de uma região de outro país ter maioria da população leal a um governante de outro país, e recursos dos quais o outro país precisa, e o governante local se alia aos que querem impedi-lo de ter comércio com um continente inteiro... Tudo levou a crer que o fim da União Soviética foi o alinhamento ao Ocidente e à economia de mercado. O problema é que a Russia atual se enxerga como economia tão frágil quanto a do terceiro mundo em vez de participar da partilha de recurso com o Ocidente melhor industrializado.

"Nossa natureza é tal que os deveres comuns da amizade ocupam boa parte do curso de nossa vida." Imagino que La Boetie tenha sido irônico nessa passagem, ou não entendesse, fato tolerável para alguém com 18 anos, que o mundo do trabalho é assimilado por natureza, muitas vezes espontaneamente. Não trabalhamos para nossos amigos, mas é melhor trabalhar com os amigos. O desafio atual é ganhar dinheiro com o que produz. Para o homem medieval pode não ter sido assim mas se o governo assegurava a sobrevivência do indivíduo como recompensa pelo trabalho, o que mais importava a este? Mas logo depois da frase mencionada no início deste parágrafo La Boetie dá uma sugestão importante. Pode ser que nunca tenhamos sido governados por anjos na História, mas seria melhor se os governantes pelo menos tivessem bom caráter a ponto de se recusarem a ser imoderados no consumo próprio, se o mais próximo disso é unir o útil ao agradável, melhor sempre fazer um exercício de consciência que rebaixa a importância do agradável para que outras pessoas o obtenham também. Do que vem em seguida o texto sugere que a sociedade precisa ser unida o suficiente pra eventualmente tirar do poder aqueles que falharam no voto de confiança que foi concedido pela sociedade, para que governasse. O jovem La Boetie que parecia não conhecer a diferença entre ser servo e ser explorado, que imaginava a obediência como uma versão amenizada da servidão... O que tenho a dizer é que se o servo fosse explorado em excesso ele mesmo cuidaria de colher assinaturas contra um soberano. A pergunta era "estamos vivendo ou só obedecendo?" no fim das contas toda a pompa dos grandes monumentos, castelos e catedrais asseguravam que as pessoas vivessem para servir o rei e a igreja. Atualmente a pergunta é: "estamos vivendo ou só pagando contas?" Vivemos num tempo em que todos falam mal dos políticos. Provavelmente porque 40% do salário que recebem é destinado aos políticos para que cuidem do lugar público. Pode ser que a sociedade já confie na própria capacidade de organizar o lugar público independentemente dos políticos.

Haha, chamar o rei de o homem mais fraco e afeminado de uma nação... entendam, ele era jovem. Estou começando a gostar de comentar linha por linha o texto dele. É importante que eventualmente a sociedade esteja atenta ao que os jovens disse. La Boetie escreveu o ensaio que estou comentando no século XVI, após o povo se organizar e ser derrotado pelo rei ao questionar a legitimidade do imposto ao sal. E foi escrito antes de Thomas Hobbes ter nascido. Somente três séculos e meio depois do ensaio de La Boetie houve um consenso contra a monarquia e pela liberdade do homem, e foi por dois motivos, o primeiro constatado por Charles Tilly: A nobreza já não era leal ao monarca e se vendia como mercenária para qualquer povo que aceitasse pagá-la. O segundo motivo, houve quem dissesse que foi porque a nobreza não aceitava a ascensão da burguesia, mas era a burguesia que sentia que os próprios privilégios não eram o bastante em comparação com o que seriam capazes de obter ampliando o o número de consumidores sem restrição do Estado. Não tenho os detalhes sobre qual argumento se mostrava como justificativa do rei para a medida tomada de se estabelecer o imposto. É importante que ouçamos os jovens e o que os preocupa porque representa o que eles esperam ter mais bem explicado para quando chegar a vez deles de governar o mundo. Ou você pensa que no escândalo sexual de Bill Clinton não teve valor a manifestação de uma criança que roubou a cena das manchetes do mundo ao enviar uma carta ao governo dizendo: "Se não posso confiar no meu presidente em quem vou confiar?" E atualmente me pergunto se algum jovem tem ideia de como obter favores sexuais consentidos e sem violência. Se tivessem ouvido aquele menino e refletissem sobre o assunto… Eis que no ano em que Monica Lewinski publicou a própria biografia ocorreu a prova escancarada de que os jovens não entendiam nada sobre consentimento nas relações sexuais. Nunca me esquecerei da cena sobre Woodstock 99, em que uma mulher estava sobre o ombro de um homem e um exército de homens tentava apalpar seus seios, um deles com o gesto malicioso de abrir e fechar as mãos. Aqueles jovens estão no comando hoje. Pode ter sido melhor mesmo que a Casa Branca não se instabilizasse com a declaração de uma atriz pornográfica de que o presidente a havia pago para serviços na época da campanha. O fato de ela ter aceito dinheiro pra isso muda toda a história em favor de Donald Trump. Ela poderia não ter aceito. E isso não muda o fato de que… pode ter havido um tempo que a perpetuação da espécie humana favorecia os corajosos. Que as mulheres admiravam homens que soubessem ser maus diante de outros homens. A internet pode ser a prova de que no fim das contas ter conversas privadas com mulheres e tentar surpreendê-las sem nem ter que enfrentar outros homens… Foi uma vitória da sociedade quando os duelos entre homens por damas foi proibido. Na era de constante trocas de mensagens a distância o importante é que a mulher saiba reconhecer qual homem seria capaz de sempre presenteá-las com algo surpreendente (e não falasse apenas sobre trabalho). Bom, se não me engano li no livro As Estruturas das Revoluções Científicas de Thomas Kuhn que as grandes mudanças de senso de organização da ciência são descobertas por jovens. No meu caso só comecei a entender melhor a questão da organização política depois de ter escrito Hangar 18 a mão, sem ter que apagar nada nem acrescentar. Certamente foi depois de 2017, quando fiz 30 anos.

Eis que a questão volta: por que milhões são incapazes de recusar o jugo imposto por apenas um homem? Se comportam como que o ignorando e desprezando? Faz-se necessário que a injustiça, quando cometida por tal homem, seja revoltante demais a ponto de haver consenso das pessoas por se organizar para derrubá-lo. Nem a diminuição do salário mínimo no

Brasil foi capaz de derrubar dois presidentes. Talvez porque eles fizeram isso bem no início do mandato, e pra piorar um deles era vice colocado no poder pelo processo de impeachment.

Em seguida La Boetie pergunta qual o nome do monstro representado pelo monarca ao qual ninguém se opõe e ainda o servem. Por ironia do destino Hobbes o chamou de Leviatã, o monstro marinho criado por Deus no antigo testamento. Eu tinha quase certeza que este era mencionado no livro do Genesis, uma passagem do tipo: "E Deus criou o Leviatã para habitar os mares entre as criaturas marinhas." Mas as fontes que consultei dizem que as menções a tal monstro primeiro apareceram no livro de Jó, que foi a primeira tentativa do povo judeu escrever um romance. Encadear muitas cenas imaginárias e fictícia é mais difícil do que fazer filosofia. Certamente o livro de Jó foi escrito depois de Josué e da época em que o povo hebreu decidiu organizar-se com juízes escalonados, em que 1 juiz representava 10 pessoas, este juiz e mais 9 deviam prestar contas a um juiz de 100 pessoas, 10 juízes de 100 pessoas a um de 1000 e assim sucessivamente. Certamente Hobbes não chamou de Leviatã o governante do próprio tempo, apesar de o livro defender a existência do Leviatã.

Sigamos adiante: a palavra liberdade aparece. Sugere La Boetie que coloquemos 50 mil defensores da liberdade de um lado, e 50 mil defensores de um fajuto soberano do outro. Quem venceria? Certamente o que tem mais amor pelo povo a que pertence. Dizia um dos Salmos de Davi algo como 10 perecerão ao seu lado para cada 10 mil que serão vencidos do lado do inimigo. É bem por aí. Eu que antes achava desperdício sondar os cálculos divinos… Aqui está o resultado de uma conta interessante. O número dos assinalados para serem salvos (no Apocalipse) dividido pelo número da besta (também no Apocalipse). 144 mil / 666 = 216,216216216. Uma vez pensei que o número da besta tinha a ver com a margem de lucro em porcentagem que acabaria levando a sociedade à falência. Mas La Boetie me fez lembrar que a própria Biblia diz que o povo grego era descendente de Abraão, e sei que muitos brasileiros se recusam a aceitar a Grécia como fonte complementar de surpresa com a beleza do mundo. La Boetie menciona o sucesso militar dos gregos. Povo meu, seria menos entediante conversar convosco se além da Bíblia vós falassem com tanta paixão dos mitos de Homero, e por que não também as Metamorfoses de Ovídio que inspirado pelo povo grego criou os dramas imaginário mais gélido sobre os Deuses sofredores. Sempre que aparece oportunidade falo sobre o Mito de Apolo e Dafne pras pessoas. E o de Orfeu e Eurídice. Não sei se é pernicioso pensar que até os deuses tem do que se queixar da própria vida depois de hecatombes emocionais. O que muitos podem não ter entendido é que só os deuses devem ter bons motivos pra suportar tais hecatombes enquanto habitam a morada eterna. Além disso La Boetie diz que os gregos eram um povo livre, mas deve-se corrigir: o povo grego entre os antiigos era o que tinha mais cidadãos em liberdade, o que devia ser em torno de 10% da população. Se guerreavam e venciam em defesa da liberdade que possuíam, o rei Davi era o exemplo de monarca capaz de convencer o povo hebreu, mesmo sendo servo de Davi, tinha um deus forte o protegendo na guerra, e o sucesso se dava num estado de confiança em Deus e no monarca, e em si mesmo de que sabiam pelejar com selvageria diante dos soldados tímidos e medrosos do povo adversário colocado para guerrear.

E mais uma vez La Boetie incita revolta entre os que trabalham para servir um único rei. Quando na verdade trabalhariam até se cansar em qualquer outro regime político, mesmo sendo livre é o que a História nos diz. A menção de que o monarca é capaz de derrotar a si mesmo... imagino que tenha sido dito em relação ao fato de que em um momento ou outro de cansaço o juízo deste pode vacilar, e a sociedade pode até vir a perceber que não precisa da orientação deste pra encadear coisas de modo que a História flua decentemente. Devo confessar que recentemente, e poucos devem ter visto, sobre minha manifestação a respeito do filme Oppenheimer. O filme sobre o homem que autorizou o primeiro teste nuclear da História. Me preocupou o fato de que, sim, é um tema pesado que poderia despertar a sensação de retorno a guerra fria. Estive preocupado com quantos poderiam se suicidar em função disso. Acho que no Brasil ninguém chegou a esse ponto. A bilheteria foi um fracasso por aqui e ainda lançaram na mesma semana do filme da boneca Barbie. Estranho o povo brasileiro ter dado tanto valor a um filme sobre o brinquedo que desde quando foi inventado criou padrões tão fúteis de status, não assisti o filme, mas certamente foi melhor do que se Oppenheimer tivesse tal bilheteria. Recentemente a Igreja revelou um segredo importante: de que é melhor não atiçar o ressentimento dos russos. Se faço isso é porque sei que a única chance de o mundo não sofrer um verdadeiro Apocalipse seria se o Brasil assumisse para si a responsabilidade de combater o mal humor do governo russo. Os Estados Unidos já devem saber que não são o centro das atenções do mundo, não vale a pena insistir que eles respondam ao enfrentamento, é melhor que não respondam mesmo. "não é preciso tirar-lhe algo, e sim dar-lhe nada;" É um ponto delicado. Pode fazer sentido para o governo atual, não para os presidentes, mas para umas dezenas de deputados e senadores que ganham o dobro de um engenheiro pra fazer um discurso por mês só pra convencer seus semelhantes a considerar reservar um orçamento a alguma obra pública, aliás, estes são minoria, quase sempre é pra elogiar um evento como a Virada Cultural ou a inclusão de mais pessoas entre os favorecidos pelo Enem para ter bolsa de estudos em Universidades particulares. Mas na época em que La Boetie escrevia, dizia meu professor de ensino médio, os monarcas trabalhavam muito pra organizar as prioridades da produção da sociedade inteira, organização sem a qual o camponês corria o risco de receber o machado novo pra cortar lenha tarde demais. Levemos em consideração também que os maiores luxos da época consistiam em, além de morar num castelo, a caça, tecidos, alimentação saborosa e abundante, torneios, cavalos saudáveis... Hora da piada: O que acontece no jogo de xadrez quando o bispo come a rainha? Ele peca.

"O país não precisa esforçar-se em fazer algo por si mesmo, contanto que não faça nada contra si mesmo." É o melhor conselho que pode ser dado à sociedade livre atual, e a recusa em trabalhar é também um ato contra a sociedade.

"Se a recuperação de sua liberdade lhe custasse algo (ao povo), eu não insistiria nesse ato." Infelizmente o preço que a sociedade vem pagando por ser livre foi a elevada dificuldade em identificar as decisões que melhor atendem as necessidades mais urgentes de cada um no momento certo.

Sobre a recuperação do direito natural... Se o homem é um animal domesticado por si mesmo, e a natureza deu-lhe inteligência pra isso, pra criar artifícios para bem viver, recuperar a liberdade natural, que é viver sem ter que prestar contas do que faz a ninguém, só seria possível quando todos soubessem o que é melhor fazer para cada membro da sociedade. Quando a escassez de trabalho necessário se faz presente devido a insistência de muitos a se rebelar contra os que consomem o luxo que produzem, a ponto de faltar caixas de papelão nos correios, sabonetes e chuveiros em rodoviárias e até roupas decentes são inacessíveis para quem quer se apresentar numa entrevista de emprego, aparelhos de fortificação dos músculos são produzidos em massa pra uma sociedade que esqueceu como se fortalecer sem estes, mesmo que não precise se ocupar de um trabalho como o de faxina ou pedreiro, devemos pensar: Fizemos mesmo o melhor uso de nossa liberdade?

Sobre a esperança incerta de uma vida prazerosa na época da Monarquia Absolutista... A maior esperança da época, imagino, não era por prazeres e vantagens que o próprio tempo podia oferecer, já mencionei os luxos de um rei medieval e não se parecem em nada com os atuais. Imagino que os homens da época tinham esperança que pudessem criar os recursos mais sofisticados pra viver bem, e assim que as inovações fossem realmente sofisticadas, o desafio da vida em liberdade podia ser proclamado. Se foi cedo demais quando o jornal diário impresso foi finalmente colocado em circulação... Foi isso o que aconteceu, mas ninguém na época sonhava sequer com a possibilidade do telefone ou da televisão. Pode ser que os homens queriam condições para se orientar com segurança no mundo da liberdade, não desprezavam a liberdade (respondendo a pergunta que La Boetie faz em seguida).

Logo depois La Boetie fala de sua esperança de que seu entendimento da liberdade se propague como um fogo que incita as pessoas a se moverem pelo bem de sua causa. Do momento atual posso dizer que: a História também tem o costume de ressuscitar ideias. Regurgitar é preciso. O simples fato de Ovídio sempre tivesse alguém disposto a registrar em livros para que chegasse intacto ao presente, e o trabalho dos Irmãos Grimm e Fraser deram ao mundo a oportunidade de ver algo mais do passado, La Boetie foi privilegiado não por inflamar, mas por ser preservado para que questionássemos o presente, não para fazer o caminho em direção a liberdade, mas sim verificar onde o apogeu do mundo livre nos trouxe. E ajudar a sugerir um ponto mais elevado que a liberdade mesmo que está seja um ingrediente. O caminho em direção ao ser, que como Nietzsche diz, é capaz de criar seus próprios valores para se instalar na sociedade a fim de conceder a esta os melhores presentes, mesmo que com isso tenhamos que admitir que certo seria trabalhar só até o ponto de ficar cansado mesmo que a fábrica não tenha disponível um operário substituto formalmente contratado nas regras que obrigam o sujeito à regularidade. O mundo do ser não precisa ser tão regular. E agora reconheço que... uma ideia de quando eu tinha 24 anos, que por muito tempo pareceu absurda a mim, de que em certo momento poderíamos oferecer tirar a poeira dos livros de um sebo e limpar o chão em troca de um livro, passar a noite lavando os pratos em troca de um jantar, passar alguns dias colocando móveis dentro de um caminhão em troca de uma poltrona nova... Se não fosse pelo fato de a distribuição geográfica dos tipos de trabalho poderia ter sido o mais perfeito dos mundos. Um colega de faculdade sugeriu que todos deveriam trabalhar 4 horas por semana numa linha de produção de qualquer mercadoria. Isso me pareceu muito mais sóbrio. Ah sim, ao falar do fogo La Boetie também fala da propensão dos políticos a saquear, pilhar e queimar sociedades. É certo reivindicar que isso acabe, cinco séculos depois governantes ainda fazem isso.

Não entendi a discussão que se fez em seguida sobre os parvos (tolos) que não conhecem meios de obter ou reivindicar privilégios. E sobre os que supõem serem dignos disso pelo uso da força. A psicologia da maldade sempre esteve em operação. As pessoas costumam dar pistas do que são na verdade no reino medonho que habitam: invejosos de um Deus soberano, que não se lembram de ter lido que Deus criou o homem à própria imagem e semelhança. Nenhum homem tem potencial para ser considerado Deus. Mas todos tem capacidades capazes de surpreender um

Deus soberano em carne e osso. E se isso não for possível, este Deus em carne e osso nunca rejeitaria que necessita da ajuda da maioria, até pra saber o limite da estupidez de uns e do quanto outros são necessitados de ajuda.

Em seguida é dito que liberdade, basta desejar para ter. Recentemente estive lendo História da Vida Privada entre o Renascimento e o Iluminismo. Se liberdade é agir de acordo com a própria vontade, o empecilho está num argumento que confirma a ideia de servidão voluntária: as pessoas vigiam umas as outras, aplicam-lhes sanções morais ou simplesmente reprovam os que não trabalham ou fazem qualquer coisa fora do comum. Lembro da atendente da pizzaria se queixando de um comprador que pedia a mesma pizza dia sim dia não. Não é que ela não gosta de lucrar mas sabem que é praticamente impossível uma pessoa acumular tanto trabalho em tão pouco tempo, que uma pessoa sozinha jamais seria capaz, trabalhando oito horas por dia, fazer toda a força necessária pra comer pizza dia sim dia não. Nesses casos, há lugares onde faz falta porque em outros sobra abuso do trabalho alheio. Na verdade é bom que a sociedade se vigie e deixe-nos ouvir tais queixas sobre o abuso da liberdade alheia. Também não foi a toa que Marx nos alertou sobre o tempo de trabalho como melhor medida para o salário. Certas habilidades como ser artista ou jogador de futebol acabaram por ser valorizados por serem dons bastante raros. Mesmo que seus pais tenham investido em oito anos de estudo pra você se tornar médico ou qualquer outra coisa, não é certo ser recompensado pelo salário de um político. E se acontecesse de o salários dos políticos se reduzir pela metade pelo menos, até seria bom porque acabaríamos conhecendo os que estão dispostos a trabalhar na política por altruísmo. Outra consideração relevante: associar liberdade a igualdade de oportunidade de desenvolver as próprias faculdades em qualquer direção. Educação igualitária sempre foi uma reivindicação válida. A fundação da primeira Universidade ao estilo das que conhecemos hoje se deu em Bolonha em 1088. Se um camponês antes dessa data fosse impedido de almejar ser arquiteto , médico, juiz, tradutor de livros estrangeiros ou até mesmo ferreiro, é isso o que deveria ter sido criticado a respeito da falta de liberdade nos tempos de La Boetie.

Uma breve manifestação em revolta da reação do governo a respeito da questão do imposto do sal já mencionada...

Menciona o fato de o soberano ter dois olhos. Não sei se entendi direito a pergunta: "Donde ele tiraria os tantos olhos com que vos vigia se não consentísseis?" Mas pode-se dizer que os olhos do cobrador de impostos é também um acessório de vigilância à disposição do soberano, se isso pode servir de acessório ao jovem filósofo. Creio que toda a longa discussão que vem a seguir sobre a tolice em consentir ser governado tenha a ver com o fato de que o estabelecimento do governo até o momento em que os próprios continentes se tornam blocos de países aliados uns aos outros como a União Européia, a solidariedade entre os países islâmicos, a África que ainda não despertou para um espírito Pan-Africano que todos os países que estivessem de acordo em participar… Tudo serviu pra culminar na situação em que não vale a pena guerrear, e mesmo assim os russos resolveram desafiar o espírito do tempo, que entre 1990 e 2001 esteve tão imperturbável. Enquanto eram só os Estados Unidos se vingando dos que derrubaram as torres gêmeas, pode-se dizer que o mundo não foi tão tranquilo quanto o período entre 1990 e 2001. 2011 começou com a "Primavera Árabe". Não faço ideia de como as questões tem avançado, mas vi o professor Safatle que eu costumava ver semanalmente na faculdade, dizer na televisão que quando uma ideia encontra o próprio tempo não há quem segure. Dizia ele que foi Hegel quem disse isso. E o ano terminou com a ideia do Apocalipse. Além da primavera Árabe 2011 foi a primeira vez que aconteceu em minha época de estudante um ano que teve duas greves. E isso pode ter parecido bastante sério para aqueles que atraíram os holofotes do mundo para o Brasil da primeira vez que a reitoria da Universidade foi invadida. Eu estava no segundo ano, observando ainda sem tomar partido, ainda querendo parecer simpático com meus amigos da época que fizeram um vídeo de recepção dos alunos novos. Eram direitistas na maioria e eu estava fazendo o semestre sobre Marx ainda nem sonhando em aprová-lo, afinal tinha um semestre sobre Weber pela frente, que representava a maior oposição a Marx no campo político, mesmo que eu nunca tenha conhecido um weberiano evangélico na faculdade, se era a ética protestante mesmo que os weberianos defendiam há algo muito errado nisso. Bom, tinha tudo pra dar errado quando os russos e norte-americanos resolveram fazer intervenção militar na Síria. O primeiro que batesse em retirada causaria perturbação no outro. E foi o que aconteceu. Eles não deviam saber disso quando resolveram guerrear juntos. E assim o enjôo que estava aliviado desde 2013, quando estavamos aliviados pelo mundo não ter acabado, voltou, mas não tão forte quanto o fim de 2011 e todo o ano de 2012. Pode ser que o resto da história seja mesmo o que eu falei, o velho continente em guerra por causa da velhice cultural… A América e Australia são incapazes de saber como é viver num lugar que tem a mesma civilização há mais de mil anos, por onde pessoas inventaram tradições, sofreram algumas invasões de guerra ou reinterpretação do que deve ser considerado digno de fé ou mera imposição de uma fé estrangeira… O importante é que a vizinhança esteja bem. E acreditem, não há nada melhor do que ter amizade com crianças da mesma idade, principalmente se não são mimadas. Descobrir tudo pelo irmão mais velhos destas quando os pais não estão em casa. Jogar truco, ter um cantinho pra brincar de lutinha na areia uma vez na vida, ir no banco de trás ao lado da irmã mais velha do seu amigo e a outra irmã ao lado e mais um amigo infringindo a lei mas sem aperto no banco de trás pra uma cidade próxima que tem um lago que é uma espécie de praia coletiva... muda de flores, semente de frutas exóticas... até filhotes de animais de estimação dava pra conseguir com vizinhos. Imagino que liberdade desse tipo sempre existiu, mas hoje sei como é difícil ter amizade tão honesta na idade adulta. Mesmo assim esta tem suas vantagens. Imagino que quando a sociedade da época viu a ousadia de La Boetie como tolerável para um adolescente que testemunhou os excessos de ira de um governante contra a sociedade. Certamente é o tipo de texto que a sociedade não teria aceito de um homem mais velho. Vim a saber do livro através da menção em Pierre Clastres sobre como os indígenas interpretam a ideia de liberdade.

Certo, mais uma manifestação de que liberdade é mera questão de vontade... "Sede resolutos em não servir mais, e estareis livres." Difícil ser livre do mundo do trabalho na verdade. Fugir pra qualquer canto do mundo seria uma saída possível? Não sei, as pessoas deviam ter o costume de conversar. Alguém poderia perguntar: Então, o que você faz por aqui? E o homem com vontade de ser livre se perguntaria: devo dizer que sou livre ou que não interessa? Ou pior, mentir? Não conheço tão bem os hábitos de conversa da época pra saber o que seria mais seguro responder. Lembro de um raciocínio do Filme Easy Rider, um dos primeiros a mostrar o mundo das relações adultas aos jovens hippies na época em que o termo heavy metal apareceu pela primeira vez em uma música. Born to be Wild, da banda Stepenwolf. Esse nome, Lobo da estepe, também é o nome de um livro de Hermann Hesse sobre um homem melancólico por se ver a beira da velhice, mas que muitos dos raciocínios podem ser compreendidos pouco depois dos trinta anos. O raciocínio de Easy Rider: Nunca pergunte para um homem que trabalha um dia inteiro se ele se considera livre, ele pode sacar um canivete e dizer: Sou tão livre que poderia cortar a sua goela (se é que a pessoa estava questionando se o outro é um vagabundo). Mas quanto a mim teria outra resposta: "Sou livre pra trabalhar com o que gosto, mas não para não trabalhar."

Certo, vivendo o dia como se fosse o último… Transcrevendo os manuscritos… Eu tinha me programado para analisar linha por linha o texto de La Boetie. No final ele fala de uma felicidade ancestral que os hippies teriam adorado. O problema é que em tal estado, Fraser demonstrou com bons exemplos que sem regulamentação haveria sempre o risco de as pessoas começarem a fazer sacrifícios humanos.

Sei que como bom sonhador La Boetie transmitiu uma ideia plausível de felicidade para a condição material da época. Se eles aguentaram uma vida inteira sem televisão, pessoas carregando flores, produzindo boa tinta e papel para registrar tudo que é digno de memória e louvor... Talvez a revolução industrial atrasasse em mil anos com a única regra de proibir o sacrifício de humanos. Bom, se temos boas imagens do passado e futuro podemos escolher experimentar a felicidade do passado, os jogos relacionado as colheitas, no Brasil as festas caipiras de inverno... volto a esse ponto no manuscrito final.

O Manuscrito final (continuação de La Boetie, escrito na internação)

Thomas Hobbes e o filme A Vila sugerem a possibilidade de o Estado (em ambos os casos referidos o Estado é apresentado sob a figura de um monstro) ter surgido através da questão da vigilância. A partir do reconhecimento fatual de sentimentos fortes destrutivos. A polícia é uma extensão do Estado. O filme A Vila da um passo além, ou pelo menos reforça pelo que me lembro, de modo trágico uma possível omissão da organização da Vila, fundada por anciões que inventaram mitos sobre os limites morais a partir de traumas vivenciados da perda de um ente querido, para que pelo menos naquele pequeno mundo em que eles viviam, todos se sentissem seguros de que nunca mais teriam que lidar com a surpresa de um assassinato. Mas ideia de que para continuar existindo, a sociedade precisa saber lidar, ter brechas legítimas para que outro sentimento forte, o de procriação, se manifeste. Lembro que houve um casamento no filme mas seria apropriado rever o filme pra me lembrar se e onde os guardiões da vila poderiam ter falhado quanto à moral que permite o amor com consentimento da sociedade, bom, o importante é que também o amor sem convenções sobre o que é aceitável, e com jovens desorientados. As vezes os homens são levados a crer que o sexo só daria certo quase como um assalto ao corpo da mulher. E quando a mulher se rende pela insistência e se envergonha por uma gota de prazer… É legitimo chamar isso de estupro, não é preciso pensar: foi ingenuidade minha tê-lo seguido ao esconderijo. E a sociedade que vê isso como o maior dos escandalos… Em qualquer cidade com uns 50 mil habitantes pelo menos há mulheres colocando o corpo a venda, mais barato do que um celular. E o pior de perder o celular é que a pessoa perde possíveis documentos de trabalho irrecuperáveis. Mas respeito a questão da honra da mulher, mesmo que por falta de orientação sejam capazes de tentar procriar pelo anus. O problema está na dupla negação: primeiro falou-se de sexo como o pecado original, a segunda negação é a sociedade capaz de levar os homens a se esquecerem que é um ato de amor, os exemplos que temos do ato de amor em filmes que poderiam ser considerados saudáveis passaram a ser interpretados como cafona, se só as mulheres levam a sério a psicologia de tais filmes, e os homens são capazes de pensar que a pornografia contém algo realista sobre o amor (no mínimo a ideia do inevitável)… Pra piorar há duas linguagens do amor saudável que podem estar se comunicando muito mal, algumas mulheres podem preferir um relacionamento felino, alguns homens querem a mulher que debocha das piadas deles com carinho e inteligência. O consentimento da preferência é o que importa. Como um se encaixa ao outro, bom, uma vez o Douglas me disse que a mulher tem dois orifícios, o de mijar e o outro é por onde sai o bebê. Basta saber por qual sai o bebê e tudo se encaixa.

Bom, Max Weber falava do fenômeno de autonomização dos assuntos religiosos, as vezes para o Estado, para o centro de valor a vida (cheguei a ligar pra eles na primeira "bad trip" de maconha, eles me acalmaram, a psicanálise em substituição do confessionário, a ideia de fé, Bolsonaro não deve ter imaginado que aos meus olhos ele poderia trabalhar melhor como padre do que como presidente. Assuntos morais quem decide é a igreja. Bom, no fim das contas a democracia permite isso, mas como na democracia raramente um candidato ganha mais do que 70% dos votos, digamos que em torno da metade do Brasil se tornou séquito da igreja dele, alguns até falavam com entusiasmo: "É Jair Messias." O que eu respondi quando uma enfermeira me disse isso? Não lembro, o que lembro é que fui educado a ponto de fazer ela entender que pra mim religião não se discute. Em uma conversa mais acalorada eu disse: olha, ele pode acreditar no que quiser e você também, mas só vou dizer que ele foi um bom presidente se demonstrar habilidade em assuntos que vão além da moral. Se ele articulou a melhor campanha contra a pandemia? Não faço ideia, mas se não fosse a ilusão de que ele estava no mínimo trabalhando e no fim bem ou mal fomos vacinados… Se não fosse isso o período de governo dele teria sido o maior vácuo da história. O presidente que não entende nada sobre nada que se esquiva através de uma piada planejada pra assuntos que ele não tem ideia de como lidar. O pior é que antes dos 30 cheguei a sonhar com um ditador comediante, que dá ordens ao vivo pela internet, fazendo piadas com todo comentário ignorante. Tudo pela internet. Quando contei pro meu tio Antônio ele disse: "ainda bem que não é por telefone." Não lembro de muito do que escrevi sobre Jair. Se tivéssemos um regime Espartano (diarquia) e democrático eu teria o escolhido pra (espero que ele encare com bom humor, sem ofensa) ser não o bobô da corte, porque isso é medieval, o melhor exemplo moderno disso é o desenho animado Pinky e Cerebro, mas lembrem-se que no fim o Pinky sempre salvava o mundo de uma catástrofe pretensiosa demais arquitetada pelo cérebro.

Bom, eu falava da autonomização. E se é pra transvalorar todos os valores, já mencionei no pedido de desculpas por não achar adequado publicar este livro. O equivoco do casamento jurídico: jurar diante do juiz que "se" um dias um de nós for desleal com o outro convém que etc, etc. É preciso se casar seguro de que nunca cometeria esse equivoco. Pode não ser incomodo pra muitos homens se ver pensando: "se ela não engraviar e voltar menos stressada..." e no fundo a frustração do homem pode ser inconscientemente um "fato, eu não conseguiria revidar, não por falta de vontade mas porque ela é única."(mas como? Ela acaba de provar que não é única!). Religiosa ou não a cerimônia de casamento é uma convenção planejada, do mesmo modo que quando alguém diz oi, tudo bem? Você responde que sim mesmo que não esteja, e só responde não se tiver um cara com uma arma começando um assalto no banco logo em frente e a policia tá do outro lado prestes a começar a atirar, acho que chamam de fogo cruzado. Bom, só um roteirista de casamento de festa junina seria capaz de encenar uma situação de casamento que não dar certo foi o que eu quis dizer apesar do exemplo que pode não trazer boas lembranças pra muitos. Mas no fim livros de mais de 1000 páginas costumam levar 5 anos pra vender uns 30 mil exemplares. Espero que dessa vez se torne um best seller. Se depois de ter lido você concluir que nada do que foi escrito é sério demais ao ponto de ameaçar a felicidade de seus amigos desiludidos com a vida, vá, e recomende. Um sincero agradecimentos aos que aguentaram até aqui. Já fiz a piada sobre por que prefiro não mandar beijo. Mas o roteirista de humor mais genial da História, Terry Jones, ele tinha o mesmo problema que eu com meus amigos mais engraçados (também muito estimados por mim). Eles conseguiam lidar com falas longas e rápidas. Minha capacidade de fazer piadas teve um salto gigantesco quando conheci Fe B, digo, Terry Jones. Espero que ela esteja bem, sempre. A Fe B. Quando eu disse ela não estava falando do Terry Jones. Bom, me disperso… Antes de tudo se uma profecia do livro de História da Religião de Mircea Eliade, que dizia que tinha a ver com Eleusis… Lembro de ter passado por cima do assunto com muita preça em Mitologia Insana. Cheguei a uma conclusão melhor. Se a morte é o contrário da vida, pensar que depois da morte os gregos pensavam em seres tristes. Primeiro: vida para os gregos poderia significar felicidade. Não vida significava tristeza. Mas se vida é também ser, a morte é um não ser, isento de identidade. Brotando e se desenvolvendo junto com os instrumentos de acesso ao plano material, partindo depois de ter se divertido o suficiente… Na verdade só a curiosidade do mundo mais distante no futuro seria capaz de me fazer pensar que reencarnar seria uma boa ideia. Em breve tudo me leva a crer que amigos contribuirão com resultados de submissão a bibliografias aleatórias. No fim das contas eu deveria ter dado atenção a Fe B, acho que quando ela disse para eu parar de escrever significava que para ela tinha sido o suficiente. As chances de venda teriam sido (e foram) um fracasso pelo fato de que a maioria das coisas que escrevi de adicional em ensaios interpretativos dos novos tempos, mesmo que tivesse muita coisa a ser lembrada mesmo sem os episódios ao longo da escrita do livro… Há um cientista em mim também apesar deste livro ter sido uma divida paga aos que tiveram fé de que eu poderia me tornar bom filósofo. E no fim o resto da obra foi porque todos os muitos assuntos ao mesmo tempo precisavam de uma análise. Eu confio na ciência analítica que desdobra assuntos por inteiro. Não gosto da ciência argumentativa. Só um deus é capaz de responder por quês. Sinceramente imagino que alguém seria capaz de me mostrar de modo compreensível os como. Mesmo assim há uma lacuna no meu cérebro. Perceberam que não sugeri uma interpretação sobre como as mulheres interpretam a traição? Pode ser que daqui 500 anos o mundo só esteja mais empoeirado. Pode ser difícil manter as pessoas antenadas a grandes acontecimentos com tanta poluição visual mas creio que aprenderemos a viver o mundo em desaceleração. Pode ser que a astrologia tenha entrado em contradição também. A única vez que o elemento terra aparece no meu mapa astral tem a ver com a ilusão sobre o que sou. Creio que fui curado recentemente, comecei a ter preguiça de soltar um barro. Dizem que as crianças passam por isso aos dois anos, e é aí que elas começam a ser possessivas. Vim a descobrir que existe analogia entre as fases psiquicas de Freud e a história da cultura jovem da segunda metade do século XX, mas quanto a mim, sou capaz de fluir por todas, sei que todas tiveram mensagens não aconselháveis e simplesmente desprezo quando noto. Entendo que os punks zombaram fazendo provocações em forma de piadas que foram longe demais na visão dos hippies sobre a guerra fria. Mas pra quem viu que isso não resultou em nada sério foi engraçado e original. Dificil também atualmente saber o que é digno de atenção global. Sobre a guerra fria, não quero perder tempo argumentando, explodir o Rio foi uma sugestão pra mudar o eixo. Enquanto não explodirem estarei em casa morrendo de cancer no cu. A atual questão de drogas pesadas no Brasil… os Estados Unidos também passaram por isso quando eram o centro das atenções do mundo. Naquela época a liberdade de expressão permitia até isso. Imagino que um dia terei que transformar minha casa em instituição religiosa e pra que os que fique claro que todos os que tem missoes grandes tem fins pacíficos e esclareçamos formalmente ao Estado os nossos segredos do modo mais sigiloso possível e mais irrepreensível de ser práticado. Devo ser uma das pessoas que mais envia sugestões ao senado por e-mail. Já ligaram uma vez pra agradecer inclusive. Sim, fiz um prolongamento aleatório e voltei a questão da fase sádico anal (punks) Sinceramente não tenho posses, tudo foi emprestado pelo Zé. Muitos dos que ficaram emperrados no primeiro capítulo devem ter escapado da questão do ter. Se encontrar algum deles vivo, lembre-os de que todo cenário é produto de trabalho. Houve um momento em que a filosofia adiantava à consciência o que era melhor os jovens descobrirem o mais rápido possível a responsabilidade da consciência do ter e trabalhar pra obter. Nada é óbvio pra quem nunca antes parou pra refletir. Também posso ter me atrasado sobre a consciência da posse e do trabalho e por isso meu primeiro livro, ao contrário do meu mapa astral, tinha muita lama vergonhosa. Não deixem ninguém fazer nada de mal contra o Zé. Bom, o manuscrito, o começo foi transcrito e de repente comecei a puxar os assuntos. Ainda faltava concluir sobre La Boetie, possivelmente a época em que era mais fácil se livrar do Estado foi a época em que ele viveu. Me pergunto se as sociedades estudadas por Fraser, ditas pagãs, poderiam ser na verdade as que eliminaram o cobrador de impostos pra viver numa eterna primavera celeste, ou talvez o próprio Estado recapturou sociedades rurais. Mas nunca no mundo o homem esteve impedido de pensar e sonhar. Dizia Bachelard: "Os devaneios de um único sonhador são capazes de fazer um universo inteiro sonhar." Não precisei escrever mais de 30 livros como Freud e seus discípulos seria vergonhoso pra mim escrever tanto sobre um problema tão pequeno: Nossa consciência enquanto ser no mundo num determinado momento. Não foi acidental que falei de Terry Jones, ele também tinha dificuldade com falas longas e rápidas, mas aguentava falar sem rir as falas mais engraçadas. Pensei em me despedir do leitor para todo o sempre com uma dessas falas: "Me desculpe por não apertar sua mão, mas é que eu tava enfiando banha no furunculo do gato." Se você se sente mais vivo depois de ter lido esse livro na verdade preferia apertar sua mão com minha mão limpa. Certamente eu teria que terminar a obra com Eleusis. Sei como fazer isso, se estiver vivo, traduza o livro pro grego e leve até Eleusis.

Bibliografia sugeridda:

Foucault - As Palavras e as Coisas Cap. 9 e 10
Foucault - História da Loucura - cap,12 (42 pags.)
John Stuart Mill - Sobre a Liberdade - cap. 3 e 4 (47 pags.)
John Stuart Mill - Utilitarismo

Georg Simmel - Schopenhauer and Nietzsche - cap. 1, 2, 3 e 6 (60 pags.)

Raymond Aron - Etapas do Pensamento Sociológico - Durkheim , Divisão do Trabalho Social, O Suicidio, Regras do Método Sociológico
Canguilhem - O Normal e o Patológico (154 pags)

Habermas - O Discurso Filosófico da modernidade (cap. 11 + ensaio sobre Castoriadis)

História da Vida Privada - Vol. 3, 4 e 5.

Fechem as cortinas.

Quando ele, que ouve tudo, ouvir a ti dizendo isso, ele saberá que sobreviveste ao livro, e te tornaste seguro em dominar teus medos, e em estimar o quanto de carga tu aguentas.

Aguentei 12 anos ininterruptos com um único assunto em mente. Que Nietzsche gire como espoleta dentro do túmulo agora que cometi o que para ele no mínimo beirava o pecado (ou o absurdo). Um velho com câncer no cu ensinando os mortos a rezar?

Louvado seja o misterioso Deus capaz de nos dar escolha. Pois mesmo quando parecemos não ter escolha, se escolhemos agir de acordo com a vontade de um suposto ser supremo, estimando o que deixaria feliz um espectro que apenas vê e ouve sem ser visto, cuja única felicidade é ver e ouvir, nos tornamos dignos de ter o descanso eterno daquele que se sacrificou para nos salvar.

Não faço questão de ser recompensado por ele e enquanto meu juízo estiver bom, espero saber o que o agrada. Mas depois dos doze anos já mencionados, a melhor recompensa seria poder descansar.

www.ingramcontent.com/pod-product-compliance
Lightning Source LLC
Chambersburg PA
CBHW070939260726
48661CB00003B/1034